自衛戦力と交戦権を肯定せよ

小山常実

はじめに

本年、平成二十九（二〇一七）年五月三日、安倍晋三首相は、全く新しい思考による「日本国憲法」改正構想を発表した。安倍改憲構想が実現していくとするならば、平成三十（二〇一八）年に国会による改正発議と国民投票があり、二〇一九年に公布、東京オリンピックの開催される二〇二〇年に施行という順序となりそうである。

安倍改憲構想の発表は驚きを持って迎えられたが、筆者は、この構想に驚くとともに、大きな落胆を覚えた。何と、安倍首相は、第九条第一項と第二項をそのまま維持し、第三項で自衛隊を明記する案を発表した。この案が現実のものになれば、自衛隊は、「日本国憲法」上に根拠を有することになるが、独立国の軍隊ではなく、属国日本の自衛力又は実力部隊として位置づけられることになる。「日本国憲法」第九条第一項と第二項は、次のように記されている。

第九条第一項　日本国民は、正義と秩序を基調とする国際平和を誠実に希求し、国権の発動たる戦争と、武力による威嚇又は武力の行使は、国際紛争を解決する手段としては、永久にこれを放棄する。

第二項　前項の目的を達するため、陸海空軍その他の戦力は、これを保持しない。国の交戦権は、これを認めない。

第一項と第二項に対するこれまでの政府解釈を前提に考えると、自衛隊は、戦力でもなく、当然に軍隊ではない組織として正式に定式化されることになる。第一項第二項に手を付けないのであるから、恐らく、交戦権も持たないと正式に定式化されるのであろう。

こんな「憲法」改正案が通れば、日本は二度と立ち上がれなくなるのではないか。憲法改正は何のために行うのか。外国から侵略されない独立国日本を作ることではなかったのか。これでは、アメリが衰退していけば、いや衰退しなくても、必然的に中国に占領される事態を招来するのではないか。筆者が落胆した所以である。

というような疑問を感じた筆者は、第九条をそのまま護持するということはどういう意味か、考え続けた。その中で一番気になったのが交戦権を否認するということの意味であった。いろいろ調べてみたが、驚いたことに、交戦権否認問題は抽象的に考察されてきたことはあるが、具体的に考察されたことはないようであった。自衛隊の内部で本当の専門家が私的に考察してきたかもしれないが、大っぴらに考察されたことはないようである。どうも、戦後日本では、交戦権否認問題の論及はタブーであり続けたようだ。「日本国憲法」無効論が前世紀までタブーであり続けたのと同じ傾向である。

そこで、交戦権否認問題を中心に第九条護持の意味について、いろいろな文献を読みながら考え続けた。その成果が本書である。本書では、第一章で自衛戦力の否定と交戦権否認の意味について検討し、第二章で自衛戦力と交戦権を肯定するための方策について記した。本書を著す中で戦慄せざるを得なかったのが、交戦権否認の意味であった。国際法では認められる交戦権を国内法で否認することの怖ろしさは、総理大臣及び防衛省関係者や国会議員だけではなく、全国民が知っておいた方がよい問題である。多くの方が本書を一読されるようにお願いするものである。

自衛戦力と交戦権を肯定せよ　目次

第一章　自衛戦力と交戦権を持たない国

一　自衛隊員の捕虜資格

自衛隊員は捕虜となれるのか

「日本国憲法」の核心とも言うべき第九条は、第一項で侵略戦争の放棄を宣言している。第一項と同様の規定は全く珍しいものではなく、イタリア、ハンガリー、韓国、フィリピンなどの憲法にも存在している（色摩力夫『日本の死活問題――国際法・国連・軍隊の真実』グッドブックス、二〇一七年）。

これに対して第二項は、世界に類例のない規定となっている。第二項には、戦力の放棄、交戦権の否認という二つのことが記されている。自衛戦争のためには戦力を持てるし、交戦権も行使できるとの憲法学説は存在するが、学界の多数説も政府も、日本は自衛のためであっても戦力を保持できないし、交戦権を行使できないとする。

しかし、自衛戦力を放棄し、交戦権を否認した国は、まともに国防が出来るのであろうか。いや、果たして生き残れるのであろうか。なぜ、諸外国は第一項と同様の規定を置いていても、第二項のような規定を全く置かないのであろうか。こういう疑問を、筆者でなくても、誰もが抱くのではないだろうか。

まず「一」では自衛戦力放棄の問題について、「二」「三」「四」では交戦権否認の問題について考察していく。そして、自衛戦力を放棄し、交戦権を否認した国は、どこかの大国の属国となるか、大国に滅ぼされていくしかないことを説いていく。

周知のように、我が国には、国防のために自衛隊が存在する。しかし、政府は、自衛隊は「戦力」ではない、軍隊ではないという。従って、自衛官は、軍人としての名誉を与えられないし、たとえ戦死しても、「戦死」として遇されない。警察官や消防士の死亡と同じ扱いになる。他にも多くの問題を抱えるが、最も議論されてきたのが、自衛隊員は捕虜となれるのか、という問題である。筆者は、基本的には捕虜となれるが、敵国が中国などの場合には捕虜扱いされないだろうと考える。

後方支援の自衛隊員は捕虜になれぬ——政府解釈

諸外国の正規の陸海空軍軍人は、捕らえられたとき、文句なく捕虜として扱われる。しかし、国内法で軍人と認められていない自衛隊員を外国が捕らえたときには、どのように扱うのであろうか。捕虜の待遇に関するジュネーブ条約（一九五〇年効力発生、一九五三年日本加入）にほとんどの国家が加入し、日本も加入している以上、国際法的には敵国も自衛隊員を捕虜として扱う必要があろう。政府もそのように解釈している（田村重信『防衛政策の真実』育鵬社、二〇一七年）。

ところが、平成二十七（二〇一五）年の安保法制の審議過程で、岸田外務大臣（当時）は、重要影響事態法及び国際平和支援法に基づき外国軍隊に後方支援を行った場合、捕らえられた自衛官は捕虜として扱われないと述べた。衆議院の「我が国及び国際社会の平和安全法制に関する特別委員会」で、七月一日、八日、十五日と三回も明言したのである。

七月一日、特別委員会で、民主党の辻元清美議員は、後方支援に従事していた「自衛隊員が拘束される、拘束されて、国際法上はいわゆるジュネーブ条約、捕虜の保護の規定がありますけれども、自衛隊員が拘束されたらジュネーブ条約上の捕虜として扱われるんですか、日本の自衛隊の場合は。自衛隊のステータスはどうなりますか」と質問する。

これに対して、岸田外相は、次のように答える。

岸田国務大臣　ジュネーブ諸条約上の捕虜は、紛争当事国の軍隊の構成員等で敵の権力内に陥ったものをいう（傍線部は引用者、以下同じ）、このようにされております。

この点、御質問がいかなる場合を想定しているか必ずしも定かではありませんが、いわゆる後方支援と言われる支援活動それ自体は武力行使に当たらない範囲で行われるものでありま す。我が国がこうした活動を非紛争当事国として行っている場合について申し上げれば、そのこと自体によって我が国が紛争当事国となることはなく、そのような場合に自衛隊員がジュネーブ諸条約上の捕虜となることは想定されないと考えます。

三つ目の傍線部の「ジュネーブ諸条約上の捕虜となることは想定されない」という発言に議場は混乱し、速記が中止される。速記再開後、岸田外相は、次のように、簡潔に自衛隊員の捕虜資格を否定した。

岸田国務大臣　整理いたしますと、要は、御指摘のような自衛隊員、これは紛争当事国の軍隊の構成員、戦闘員ではありませんので、これはジュネーブ条約上の捕虜となることはありません。

要するに、岸田外相によれば、戦争を仕掛けられた時のように日本が紛争当事国である場合の自衛隊員は捕虜になれるが、後方支援を行う時の日本は武力行使も行わず紛争当事国ではないから、後方支援に従事する自衛隊員は捕虜になれないということなのである。岸田外相が根拠にするのは、ジュネーブ第三条約（捕虜条約）の次の規定である。

第四条A　この条約に於いて捕虜とは、次の部類の一に属する者で敵の権力内に陥ったものをいう。

(1)紛争当事国の軍隊の構成員及びその軍隊の一部をなす民兵隊及び義勇隊の構成員

日本が侵略された時には(1)に規定する「紛争当事国」に当たるから、自衛隊員は捕虜となれるが、後方支援する時には「紛争当事国」でないから捕虜になれないというわけである。しかし、外国軍隊に対する給油等の後方支援を行えば、その外国と敵対する側からみれば敵であり、立派な「紛争当事国」である。それゆえ、辻元議員は、ドイツなどの「他国の軍の人たちが、仮に後方支援であったとしても拘束されたらジュネーブ条約を適用される、しかし、自衛隊だけ適用されないという事態が起こりかねないわけですよ」と批判する。

その後、前述のように、辻元議員と岸田外相は、二回も同じ論争を繰り広げるが、岸田外相の答弁は全く変わらなかった。結局、後方支援で捕らえられた自衛隊員は捕虜になれないというのは、政府の確定解釈のようである。

さすがに、この解釈には、防衛省サイドは反対したようである。だが、外務省は強硬で、結局、防衛省側は、後方支援に於いて捕虜になれないことを認めさせられたようである（自衛隊を活かす会が主催した「戦場における自衛官の法的地位を考える」〔二〇一六年四月二十二日〕というシンポジウムでの、元陸上自衛隊幕僚長の冨澤暉の発言、参照）。

身柄の即時釈放を要求すると答えた岸田外相

しかし、では、日本政府は、捕らえられた自衛隊員をどのように保護するのか。七月八日の委員会における辻元議員と岸田外相のやり取りを見ると、政府の立場が分かる。この日、辻元議員は、捕らえられた自衛官に捕虜資格がないとすれば、一体どういう立場に立つのか、と問いただしている。

辻元委員　それで、先ほどのジュネーブ条約、紛争当事国の軍隊の構成員ではございませんと、後方支援の場合は。では、何なんですか。文民ですか。文民でいいんですか。そうすると、軍服を着た、武装した、武器を持った文民という解釈でよろしいですか。

傍線部は面白いツッコミだが、これに対して、岸田外相は、次のように答弁している。

岸田国務大臣　まず、先ほども答弁させていただきましたが、a我が国自衛隊の後方支援は武力の行使には当たらないということでジュネーブ諸条約の適用がない、そして捕虜として扱われることはありません。

その上で、それではどうなるのだという御質問でございますが、自衛隊員が捕らえられるような事態が発生したとしても、まず我が国は、法的な立場として、こうした身柄の拘束そのものを容認することができないという立場にあります。ですから、我が国としましては、当該要員がどのような待遇を受けるか以前の問題として、b身柄の即時解放を強く求めていく、こういったことになります。

そして、そうした上で、その際にどういう待遇になるかという部分ですが、ｃこの身柄は少なくとも、普遍的に認められている人権に関する基準並びにジュネーブ諸条約にも反映されておりますす国際人道法の原則及び精神にのっとって取り扱われる、こういったことになります。

岸田外相の答弁を見ると、傍線部ａｂにあるように、日本政府は、自衛隊員はジュネーブ条約上の捕虜になる謂われはないから即時釈放せよ、と要求するようである。随分虫のいい考え方である。日本政府が即時釈放せよと言っても、相手方は釈放しないであろう。補給、輸送などの後方支援を行う軍隊を攻撃し、その成員を捕獲し抑留し続けることは、相手方の当然の権利である。本来ならば、自衛隊という国際的に軍隊として認知されている組織の成員を捕獲するわけであるから、捕虜として扱うことが当然の義務となろう。しかし、日本側が捕虜として扱わなくてもよいと言ってくれるわけだから、相手方は、後述の如く手厚く保護しなければならない捕虜ではなく、別の位置付けで、自衛官を抑留しつづけることになろう。

ところが、岸田外相は、傍線部ｃにあるように、捕虜にはならないが人道的な処遇を受けることは捕虜の場合と同じだと言う。岸田外相は、「戦時における文民の保護に関する千九百四十九年八月十二日のジュネーヴ条約（第四条約）」が自衛官の場合にも適用されるから、人道的な保護を受けると考えるわけである。

自衛官が文民として保護されるというのもおかしな感じがするが、最低限第四条約の保護を受けるというのは誤りではないようだ。それにしても、わざわざ、有利な捕虜待遇を捨てて、一般的な人道上の扱いだけを要求する主張を行う日本政府とは、本当におかしな感覚の持ち主である。政府がこんなおかしな考え方をするのは、武力行使をしない、紛争当事国ではないという前提で後方支援を行うのに、捕虜になってしまったら「紛争当事国」となり前提が狂ってしまうと考えるからである。

当然、中国は自衛隊員の捕虜資格を否定する

しかし、自衛隊員が捕虜資格を認められないのは、後方支援の場合だけであろうか。日本が武力攻撃されて戦闘になった場合にも、捕虜資格が否定されないだろうか。日本に対して武力攻撃する可能性の一番高い国は中国である。中国は、いや中国でなくても、当然に、次のように主張するのではないだろうか。

あなた方の憲法と法律では自衛隊員は軍人ではありませんね。ですから、こちらとしても、軍人とはみなさず、捕虜として扱いません。単なる犯罪人として扱います。

これはこれで一つの正論であろう。これに対する有効な反論はあるのであろうか。恐らく、日本側は次のように反論するだろう。

いや、あなた方は、捕虜条約に加入してますよね。ですから、この捕虜条約に従って、自衛隊員を捕虜として扱う必要があるんですよ。

これに対しては、中国側は、次のように反論するだろう。

だったら、なぜ、「日本国憲法」で戦力を持たないと書くのですか。あなた方は嘘つきなのですか。

それに、あなた方の国は交戦権を持たないのでしょう。自衛のためであれ、戦ったら駄目でしょう。戦えば、それは不法行為ですよ。我々の兵士を殺せば殺人罪ですよ。

でも、戦うんでしょ。交戦権を持たないと言っていたのに、やはりあなた方は嘘つきですね。
日本人は嘘つきという言葉に弱い。どう反論するのか。「日本国憲法」はアメリカやソ連や中国に押し付けられた無効憲法だと言い返せるのであろうか。どうであれ、日本が自衛隊員捕虜資格論争で勝てる保証はないであろう。

国際法が定める捕虜の資格

中国との論戦はともかくとして、筆者が、自衛隊員に捕虜資格が認められるか不安なのは、アフガニスタン戦争においてアメリカがタリバン兵士の捕虜資格を一括して否定したという事実があるからだ。タリバンの問題に入る前に、ここで、国際法が定める捕虜資格についてみておきたい。前述の捕虜条約第四条Aは、捕虜となり得る主な者を、次のようにまとめて規定している。

捕虜条約第四条A　この条約に於いて捕虜とは、次の部類の一に属する者で敵の権力内に陥ったものをいう。

(1)紛争当事国の軍隊の構成員及びその軍隊の一部をなす民兵隊及び義勇隊の構成員

(2)紛争当事国に属するその他の民兵隊及び義勇隊の構成員（組織的抵抗運動団体の構成員を含む。）で、その領域が占領されているかどうかを問わず、その領域の内外で行動するもの。但し、それらの民兵隊又は義勇隊（組織的抵抗運動団体を含む。）は、次の条件を満たすものでなければならない。

(a)部下について責任を負う一人の者が指揮していること。

(b)遠方から認識することができる固着の特殊標章を有すること。

(c)公然と武器を携行していること。

(d)戦争の法規及び慣例に従って行動していること。

(3)正規の軍隊の構成員で、抑留国が承認していない政府又は当局に忠誠を誓ったもの

(6)占領されていない領域の住民で、敵の接近に当り、正規の軍隊を編成する時日がなく、侵入する軍隊に抵抗するために自発的に武器を執るもの。但し、それらの者が公然と武器を携行し、且つ、戦争の法規及び慣例を尊重する場合に限る。

上記四類型は、(1)は正規軍及び正規軍の指揮系統に入っている民兵隊・義勇隊の構成員、(2)は正規軍と関係なく行動する民兵隊・義勇隊の構成員のことを指す。(2)の中に含まれる組織的抵抗運動団体とは、パルチザンやゲリラなどを指す。(3)は相手国（タリバン兵士の例の場合はアメリカ）に承認されていないが、他の外国に承認された政府等の正規軍の構成員、(6)は敵に占領されそうになったときに抵抗のために武器をとる者、即ちいわゆる群民兵（ぐんみんへい）のことを指す。

アメリカはタリバンの捕虜資格を一括して否定した

アメリカは、アルカイダ兵士だけではなく、タリバン兵士をも一括して「不法戦闘員」と認定し、一括して捕虜資格を否定した。否定理由は細かくは明らかにされていないが、(6)の群民兵でないことは明確だから、(1)(2)(3)に該当するかどうかが問題となる。(1)(3)から検討すれば、タリバン政権は、国土の九割前後を支配していたが、国連のアフガニスタン代表権は、旧政府のものであったし、アメリカもタリバン政権を承認していなかった。従って、タリバン兵は、(1)の正規軍とは言えないものであった。また、外国からの承認もパキスタン、サウジアラビア、UAEの三か国からだけであったが、その承認も、二〇〇一年十月のアメリカによる攻撃と前後して、取り消されていった。従って、(3)の「事実上の政府」軍とも言いにくい（森田桂子「タリバンの『不法戦闘員』としての地位——破綻国家との国際武力紛争——」『防衛研究所紀要』第一〇巻三号、二〇〇八年三月）。

結局、(2)に該当するか否かが問題となった。(2)の場合には、(a)から(d)までの四要件をタリバン兵士が満たしているか否かが問題となる。(1)や(3)の正規軍兵士の場合に四要件が書かれていないのは、正規軍が通常、四要件を既に備えているからにすぎない。

さて、四要件であるが、もう一度引用しよう。

(a)部下について責任を負う一人の者が指揮していること。
(b)遠方から認識することができる固着の特殊標章を有すること。
(c)公然と武器を携行していること。
(d)戦争の法規及び慣例に従つて行動していること。

四要件のうち、(c)の公然武器携行以外の要件は全て満たしていないとアメリカは判断した。アメリカによれば、公然武器携行の要件に関しても、アフガニスタン人の多くは日常的に武器を携行しているから、それらの人々とタリバンを区別することは出来なかったという（前掲森田論文）。

しかし、タリバンはアフガニスタンを実質的に支配しており、政府を組織していた存在である。当然、(a)の指揮官要件を完全に満たしていた。また、タリバン兵士は伝統的な暗色のターバンを着用しており、タリバンと敵対する北部同盟の兵士は、スカーフを巻いていた。タリバン兵士は、暗色のターバン等によって、文民との識別義務を果たしていた。(b)の特殊標章の要件（制服要件）は本質的には文民との識別ということだから、タリバン兵士は(b)の要件も満たしていたと言える（苅込照彰「国際人道法上の捕虜――アフガニスタンにおける軍事行動の事例を中心に――」（『レファレンス』二〇〇四年一月号）。にもかかわらず、アメリカは、タリバン兵士について、四要件のうち公然武器携行以外の要件全てを満たしていないと判断して、捕虜資格を一括否定したのである。

本書にとって、アメリカの判断が正しいか否かは問題ではない。筆者には、(a)の指揮官要件や(b)の制服要件さえ否定するのは相当に無理があるように思える。その無理なことをアメリカは行ったのである。なぜならば、交戦国というものは、できるだけ相手方兵士の捕虜資格を否定したがるものだからである。通常の国家における軍人の捕虜資格を一括否定することはほぼ不可能である。しかし、敵国側にすきがあれば、そこを突くのは当然である。タリバンは国土の九十パーセントを支配していても、タリバン政権を承認する国は皆無であった。この難点を、この隙をアメリカは突いたのである。

それゆえ、アメリカさえもこのように振る舞うわけだから、中国が、「日本国憲法」等の国内法を持ち出して自衛隊員の捕虜資格を否定することは十分考えられると言わねばならない。

捕虜は手厚く保護される

捕虜資格を肯定された兵士は、極めて手厚い待遇を得る。当然ながら、戦闘の中で敵兵士を殺傷しても殺人罪にも傷害罪にも問われない。捕虜の待遇については、ジュネーブ第三条約（捕虜条約）などで詳細に規定されている。

条約第十三条は、捕虜は人道的に待遇しなければならないことを規定している。全文を引用しておこう。

第十三条　捕虜は常に人道的に待遇しなければならない。抑留国の不法の作為又は不作為で、抑留している捕虜を死に至らしめ、又はその健康に重大な危険を及ぼすものは、禁止し、且つ、この条約の重大な違反と認める。特に、捕虜に対しては、身体の切断又はあらゆる種類の医学的若しくは科学的実験で、その者の医療上正当と認められず、且つ、その者の利益のために行われるものでないものを行つてはならない。

また、捕虜は、常に保護しなければならず、特に、暴行又は脅迫並びに侮辱及び公衆の好奇心から保護しなければならない。捕虜に対する報復措置は禁止する。

このように、第十三条は、人道的待遇を求める立場から、抑留国に対して次の三つのことを禁止している。

イ、不法の作為又は不作為で、捕虜を死亡させるか健康に重大な危険を及ぼすこと

ロ、捕虜に対して、身体の切断又は医学的・科学的実験を行うこと

ハ、捕虜に対する報復措置

また、捕虜の保護のために、次の二つのことを要求している。

ニ、暴行または脅迫からの保護

ホ、侮辱及び公衆の好奇心からの保護

湾岸戦争の時にイラク側が捕虜の映像を放映したことは、公衆の好奇心から捕虜を守る義務に違反しており、第十三条違反であるとみなされている。

さらに、この第十三条の趣旨から当然であるが、尋問の際に拷問や脅迫、侮辱などを行うことを禁止している（第十七条）。

捕虜は当然抑留されるわけであるが、捕虜を拘禁することは許されない（第二十一条）。捕虜は、宿舎に関して抑留国軍隊の軍人と同一待遇を受ける（第二十五条）。また、抑留国は、捕虜に対して十分な食料と衣服を与えなければならない（第二十六条、第二十七条）。その他、捕虜に対する俸給の前払いの規定（第六十条）もあり、捕虜に対する保護は、極めて手厚いものになっている。

捕虜資格を否定されたタリバンはどのように扱われたか

しかし、もう一度言うが、アフガニスタンを事実上支配していたタリバン政権の兵士たちは、

「不法戦闘員」として捕虜資格を否定されてしまった。では、アメリカに捕獲されたタリバン兵士は、どのように扱われたか。その扱いのひどさは、当時から新聞報道にある通りである。多くのタリバン兵士とアルカイダ兵士は、キューバのグアンタナモ基地で拘束され続け、拷問を伴った尋問を受けていたとされる（森田論文）。また、目隠しをされ、拘束衣を着用させられたという（苅込論文）。

それゆえ、二〇一六年四月二十二日に行われた「戦場における自衛官の法的地位」というシンポジウムでは、冨澤暉元陸上自衛隊幕僚長は、イラク戦争の時にアメリカ軍等に兵站支援を行った自衛隊機の例を引き、自衛隊機がテロゲリラに撃ち落されて乗組員が捕獲された場合にも、タリバン兵と同じ扱いを受ける可能性があることを指摘している。

テロゲリラも携帯式の対空火器を持っているんですが、結構当たるんです。速度の遅い機体の大きな輸送機ですから、いつ堕とされるか分からない。堕とされたら飛行機は不時着、或いは隊員が落下傘で飛び降りる、そういう状態になった時に一番怖いのは、砂漠のど真ん中にその隊員が取り残されるわけでしょう。そうなるとテロゲリラに必ず捕獲される。……そういう隊員が出て捕虜になった時に「自衛隊は捕虜になりません」なんて言ったってどうしようもない。しかも捕虜優遇を受けられない。捕虜にならないということは、グアンタナモにアラブ人を集めてやった時に、あれは捕虜ではない、捕虜じゃないからといってすごくいじめられたわけですよ。捕虜だったらあんな拷問はかけられないわけです。捕虜にもなれないということは、拷問かけられようと、いじめられようと勝手に殺されようと、どうしようもない。

このように、富澤は、アルカイダやタリバンの兵士たちと同じことが、自衛官にも起こる可能性を指摘するのである。上記のような場合に、日本政府のように「自衛隊員は捕虜ではありません」と言ったら、相手方は喜んで捕獲した自衛官を虐待するだろう。

しかし、自衛隊を堂々と国内法でも軍隊、戦力と認めれば、捕獲された自衛官を捕虜と認めよと堂々と主張できよう。一刻も早く、国内法で自衛隊を軍隊と規定することが必要であると述べておこう。

二　交戦権を持たない国の戦闘自体――ミニ国家にも勝てない

これまでの国防方針

ここまで第九条第二項の二つのポイントのうち、自衛戦力の放棄という問題について、特に自衛隊員の捕虜資格に焦点を当ててみてきた。次いで、もう一つのポイントである交戦権の放棄という問題についてみていきたい。

もう一度確認すれば、本年五月三日、安倍首相は、一定程度普遍的な規定である第九条第一項だけではなく、全く世界に類例のない規定である第二項をそのまま護持する「日本国憲法」改正構想を発表した。この構想が実現していくとするならば、平成三十（二〇一八）年に議会による改正発議と国民投票があり、二〇一九年に公布、二〇二〇年に施行という順序となりそうである。

さて、第九条第一項第二項を維持するとはどういうことか。国防の大枠が現状通りということである。ということは、その大枠は、以下のようであり続ける。

①自衛戦争する権利も持たない
②個別的自衛権はあるので専守防衛の方針で行くが、集団的自衛権は基本的に行使できない。
③自衛戦力も持てない。自衛隊は軍隊ではない。
④したがって、ポジティブ・リストで任務に就く。
⑤交戦権、即ち交戦国として持つ諸権利——臨検(りんけん)・拿捕(だほ)の権利、占領地行政の権利その他——を持たない。
⑥これでは、自国を守れないので、守ってもらうために、集団的自衛権を部分的に行使し、アメリカの「奴僕国家(ぬぼくこっか)」(内田樹他『9条どうでしょう』ちくま文庫、二〇一二年)になる。

これまで改憲派は、一貫して「奴僕国家」から普通の独立国家になるために、第九条第二項の削除を訴えてきた。この六点のうち⑤以外の五点は、③を中心として、これまでも雑誌などで議論されてきた。しかし、⑤交戦国として持つ諸権利を持たないという問題については、ほとんど議論されてこなかったように思う。「日本国憲法」成立過程史の研究者である筆者も、⑤の問題を詳しく追求したことはなく、③の問題に意識を集中させてきた。

しかし、安倍構想を目の前にして、第九条第二項後文「国の交戦権は、これを認めない。」とはどういう意味か、非常に気になりだした。憲法関係や軍事、国際法関係の文献を手当たり次第に調査したが、交戦権とは何か、交戦権を否認することはどういう意味を持つのか、どういう結果を日本にもたらすのか、具体的にはほとんど分からなかった。

過去に昭和五十五年、江藤淳が「一九四六年憲法――その拘束」(『一九四六年憲法――その拘束』文藝春秋社、二〇一五年、所収)を『諸君!』一九八〇年八月号に発表し、第九条第二項、特に交戦権否認が主権制限条項であることを指摘し、問題提起したことがある。この江藤の指摘は正しいが、この論文を読んでも、具体的に交戦権否認の影響を論じた部分は、次の箇所にしか存在しなかった。

このように「交戦権」を否認または剥奪された国が、有事の際にどれほど深刻な事態に陥らなければならないかは、誰にでも容易に想像できる。例えば、戦時において、陸上自衛隊は敵国から戦時国際法の適用をうける正規軍とは看做されないかも知れず、不正規のパルチザンとしての扱いしか受けられないかも知れない。〝専守防衛〟の拘束が強いために、どれほど事態が切迫し、戦略・戦術上それがどれほど有利な作戦であることが自明であっても、航空自衛隊は外国領土内にある敵の基地に先制攻撃を行うことができない。同様に、海上自衛隊は、敵艦隊が領海内に侵入するまで戦端を開くことができず、みすみす敵に本土侵攻の機会をあたえかねない。

極めて簡単な記述だが、この記述が一番詳しいともいえるものだった。いや、ネット上で江崎道朗「安倍総理『9条改憲』をどう読み解くか。日本人だけが知らない戦時国際法とは？」（日刊SPA二〇一七年五月二十四日）を見付けたが、江藤の記述よりはるかに詳しいけれども、具体性のないもので、やはり抽象的に論じたものに過ぎなかった。

政府の交戦権解釈――交戦権は行使できないが自衛権は行使できる

次に「日本国憲法」成立の帝国議会審議における議論を調べてみたが、余り交戦権否認問題は議論されていない。戦争区域の話しと群民兵、反乱団体が交戦団体として認められた場合等のことしか議論していないのである。「日本国憲法」施行以後の国会議事録について「交戦権」という単語をネットで打ち込んで調べてみたが、更に議論されてきた形跡はなかった。昨年平成二十八年に民進党の逢坂誠二（おおさかせいじ）議員が交戦権とは何か質問しているが、それに対する政府側の回答も極めて抽象的で全く中身がないものだった。一応、質問も回答も示しておこう。逢坂議員は、平成二十八年十一月四日付で「わが国が交戦権を行使できるのか否かに関する質問主意書」を提出した。

日本国憲法第九条第二項に「国の交戦権は、これを認めない」との規定があるが、この解釈について疑義があるので、以下質問する。

一　政府は、この交戦権を具体的にはどのような内容であると認識しているのか。「交戦権」の定義を示されたい。

二　「交戦権」の定義は、国際社会でも通用する定義だと認識しているのか。政府の見解を示されたい。

三　わが国がこの交戦権を行使できるのはどの様な場面であるのか。その根拠とともに明らかにされたい。

この質問に対しては、翌十一月十五日付で、「内閣総理大臣　安倍晋三」名で「衆議院議員逢坂誠二君提出わが国が交戦権を行使できるのか否かに関する質問に対する答弁書」が大島理森衆議院議長宛で出される。

一から三までについて

お尋ねの「国際社会でも通用する定義」及び「わが国がこの交戦権を行使できる」の意味するところが必ずしも明らかではないが、憲法第九条第二項に規定する交戦権の否認については、衆議院議員稲葉誠一君提出自衛隊の海外派兵・日米安保条約等の問題に関する質問に対する答弁書（昭和五十五年十月二十八日内閣衆質九三第六号）三についての5において、「憲法第九条第二項は、「国の交戦権は、これを認めない。」と規定しているが、ここにいう交戦権とは、戦いを交える権利という意味ではなく、交戦国が国際法上有する種々の権利の総称であつて、相手国兵力の殺傷及び破壊、相手国の領土の占領、そこにおける占領行政、中立国船舶の臨検、敵性船舶のだ捕等を行うことを含むものであると解している。他方、我が国は、自衛権の行使に当たつては、我が国を防衛するため必要最小限度の実力を行使することが当然認められているのであつて、その行使は、交戦権の行使とは別のものである。」と述べたとおりである。

右のように、政府は、過去の答弁書を引き答えている。質問書の一にある「交戦権の定義」については、「交戦国が国際法上有する種々の権利の総称」と捉えている。その権利の例としては、相手国兵力の殺傷及び破壊、相手国の領土の占領、そこにおける占領行政、中立国船舶の臨検、敵性船舶のだ捕を挙げている。

この見解は、多くの学説と同様のものである。例えば、宮澤俊義『全訂日本国憲法』（日本評論社、一九七八年）は、「『国の交戦権』とは、国家が交戦国として国際法上みとめられている各種の権利の総体を意味する。船舶の臨検・拿捕の権利や、占領地行政に関する権利などがこれに属する」と記している。例えば、芦部信喜『憲法　第五版』（岩波書店、二〇一一年）は「交戦状態に入った場合に交戦国に国際法上認められる権利（たとえば、敵国の兵力・軍事施設を殺傷・破壊したり、相手国の領土を占領したり、中立国の船舶を臨検し敵性船舶を拿捕する権利）と解する」と記している。

質問二については、答弁書は直接答えていないが、「交戦国が国際法上有する種々の権利の総称」と定義している以上、国際社会でも通用する定義であると答えたことになろう。

質問三については、答弁書は交戦権と自衛権を区別し、交戦権の行使は認められないが自衛権の行使は認められると答えている。端的に言えば、交戦権の行使としては敵兵力の殺傷・破壊は許されないが、自衛権の行使としての敵兵力の殺傷・破壊は許されるのである。

戦時国際法と交戦権

この答弁書を見ても、筆者には、交戦権の否認とは具体的に何を意味するか理解できなかった。さらに言うと、禁止される交戦権と認められる自衛権の境目がよく分からなかった。何しろ、交戦権も自衛権も、敵国兵士の殺傷や軍事施設の破壊ができることに変わりはない。交戦権は否認されたから占領行政や船舶の臨検・拿捕の権利がないと言っても、これらの権利が否認されても大したことはないようにも見えるからだ。

ともかく、漠然とは理解できても明瞭には理解できなかったので、筆者は、戦前の戦時国際法学の第一人者であった立作太郎（たちさくたろう）の『戦時国際法論』（日本評論社、昭和十九年）を読み直すことを通じて、交戦権とは具体的にはどういうものであるか確認した。また、防衛大学校・防衛学研究会編『軍事学入門』（かや書房、一九九九年）も読み直して再確認した。

そのうえで、交戦国としての諸権利を持っている他の国家と、それらの権利を否定された日本国家とが戦った場合には、どういう戦いになるのか、どういう結果を招くのか、考えてみた。普通の交戦国が持つ主な権利を列挙しながら、その権利に即して考えていきたい。

⑴ 敵国領土、領水、領空で戦う権利

まず戦闘自体に焦点を当ててみていく。国際法上の戦争であれ、事実上の戦争であれ、戦争区域というものを考えなければならない。戦争区域としては、㈠自国の領土、領水及び空中領域、㈡敵国の領土、領水及び空中領域、㈢公海、無主の土地及びその上に位置する空中領域の三つがある。

日本と外国が戦争した場合、交戦権を放棄していない外国は、文句なく、この三つの区域で戦える。これに対して、日本は交戦権を否定しているので、自衛権及び専守防衛の観点から㈠で戦うことは文句なく出来るが、㈡で戦うことは出来ない。㈢で戦うことさえも限定的に認められるだけである。

⑵ 占領地行政の権利

また外国は、日本の領土内でも戦えるから、当然に日本の領土を占領できるし、占領地の行政を行う権利をもつ。そして、日本を全面的に屈服させるために首都東京を占領することも出来る。これに対して、日本は、敵国領土で戦えないわけだから、当然に、敵国領土の占領さえもできないし、占領地行政の権利を持たないことになる。

この戦争区域と占領地行政の問題だけを考えても、日本はどんな外国に対しても、ミニ国家に対しても、絶対に勝利することはできないことは明らかであろう。外国側からすれば、日本に対して侵略戦争を仕掛けて撃退されても、絶対に日本は追撃して攻め込んでこないわけだから、安心して日本に対してちょっかいを出し続けることができるのである。

⑶突撃する権利、攻囲する権利（先に仕掛ける権利）

戦場が原則として日本の領土・領海・領空となる戦いとは、どういうものになるだろうか。特に陸戦の場合について考えておきたい。陸戦に於ける戦闘方法の代表的なものとしては、突撃、攻囲、砲撃の三種を数えることができる。普通の交戦国は、三種の戦闘方法を全てとることができる。

これに対して、日本は、第九条第一項第二項の下、専守防衛策をとっている。防衛白書平成二十八年版によれば、専守防衛とは、「相手から武力攻撃を受けたときにはじめて防衛力を行使し、その態様も自衛のための必要最小限にとどめ、また、保持する防衛力も自衛のための必要最小限のものに限るなど、憲法の精神に則った受動的な防衛戦略の姿勢」のことである。

傍線部から知られるように、自衛隊は、自分の方から攻撃できないから、自国領土内であっても、突撃と攻囲を行うことは出来ないのではないか、という疑問が生まれることになる。もちろん、相手方が突撃してきて、それに対してやり返す形で突撃を行うことは出来るし、連続的に攻囲と砲撃を行うことは出来るのであろう。

しかし、敵軍の上陸を許してしまい、膠着(こうちゃく)状態になって、敵軍と自衛隊が一か月も二か月も睨みあうという状態になった場合にはどうであろうか。その場合に日本側は、侵略軍を攻囲して、隙を見て突撃を行うということができるのであろうか。一旦、戦況が落ち着いてしまったならば、日本領土内であっても、新たに突撃したり、攻囲したりすることができるのであろうか。交戦権を否認した日本では、その場合に於ける突撃や攻囲は自衛行動とは言えないという理屈が十分成立するのである。

(4)奇計を用いる権利

突撃や攻囲さえも制限される自衛隊は、原則として奇計も制限されるだろう。交戦権を持つ国家にとっては、奇計は原則として適法である。適法である奇計の例を示せば、A方面を攻めるふりをしてB方面を攻めること、間諜（スパイ）を使用すること、不意の襲撃をなすこと、虚報を伝えること、伏兵を設けること、といったことがある。専守防衛で臨まなければならない日本は、これらすべてではないだろうが、ほとんどこれらの手段を用いることは許されないことになろう。

(5)一般的荒壊の権利

また、普通の交戦国は、既に占領した地方に於いて、頻繁に一般住民が武力で抵抗する場合や、敵軍が普通の戦闘を継続できなくなり、小部隊がゲリラ的に武力抵抗を続ける場合には、その地域一帯の建物や耕作物や樹木、水道、交通機関などを全面的に破壊し、荒廃させることもできる。これを一般的荒壊（devastation）という。一般的荒壊が行われれば、当然に、戦闘員と非戦闘員の区別なく、死傷者が出ることになろう。

一般的荒壊の権利も、日本側は他国に侵入しないわけであるし、また自衛権の範囲内とは言えないだろうから、敵国には認められるが日本側には認められない権利となる。

戦時国際法の教育を

関連して言えば、日本は、戦争のルールについて定めた戦時国際法を大学、高校、中学で早急に教えていく必要があろう。特に中学校の公民教育で早急に行う必要がある。ジュネーブ第三条約（捕虜の待遇に関する条約）も、第四条約（戦時における文民の保護に関する条約）も、各条約の原則について教育することを要求している。第三条約の条文を引いておこう。

第百二十七条　締約国は、この条約の原則を自国のすべての軍隊及び住民に知らせるため、平時であると戦時であるとを問わず、自国においてこの条約の本文をできる限り普及させること、特に軍事教育及びできれば非軍事教育の課目中にこの条約の研究を含ませることを約束する。

このように、第三条約は、軍隊の教育だけではなく、国民教育においても、条約の原則を教育することを要求している。条約締約国は、真っ先に、一般住民が民兵として捕虜の資格を得るためには、指揮官を選任すること、戦闘員と認識できる特殊の標章を付けること、公然と武器を携帯すること、交戦法規を遵守すること、という四要件を満たす必要があるということを、教育する義務がある。日本は、この条約に加入しているにもかかわらず、あらゆる戦時国際法に関する教育を全くしてこなかったのである。

従って、敵軍に日本の領土内に侵攻された場合、戦争のルールに従わずに、勝手に思い思いに侵略軍と戦う国民が多数生まれてくることが考えられる。仮に、中国軍に侵入された場合、戦わない日本国民も居るだろうが、必ず、戦う日本国民も出てこよう。だが、ルールを知らない日本国民は、先の四要件を守らず、公然と武器を携帯することという絶対最低条件さえも守らず、武器を隠し持って戦う可能性が高い。そういう戦い方をすれば、正式の捕虜になれず、大量虐殺されても法的に文句を言えないことになる。仮に中国軍が「東京大虐殺」を行おうと思えば、日本国民がそんな戦い方をするように方向づければよいわけである。

⑹空爆の権利

ここまで陸戦を中心に見てきたが、今日では、敵撃滅に最大の力を発揮するのは空爆である。未発効とはいえ、ハーグ空戦法規の第二十四条は、空爆の問題を考える場合の土台となるものである。陸戦の戦場の近辺では、都市等に対する無差別爆撃を原則としては禁止しつつも、例外的に許容している。これに対して、戦場から遠く離れた都市等に対する爆撃は、必ず、軍隊や兵器工場、軍事上の目的に使用される交通線又は運輸線などの、いわゆる軍事的目標を狙って行わなければならない。この場合には、無差別爆撃は決して許されない。

普通の交戦国ならば、この二つの場合に対手国の都市等を空爆することができるわけである。しかし、戦場が常に日本国内となる以上、無差別爆撃もあり得る戦場近辺の都市空爆は、日本と戦う敵国だけに許された特権となる。また、戦場から離れた地域の都市空爆も、日本側は基本的にはできない。日本に向けてミサイルが発射されそうな時に、他に手段がない時はその基地を叩くことは出来ると政府は考えているようだが、それ以外の空爆は出来ない。敵国側は、軍事目標主義に基づき、自由に、戦場から離れた日本国内の兵器工場や軍事用の交通線や運輸線に対する空爆を行うことができるのである。

要するに、最大の破壊力を持つ空爆を、敵国は自由に行えるのに対して、日本側はほとんど行えないことに注目されたい。日本は、大きなハンディーを背負って戦わなければならない。結局、一定程度軍事力を備えた国家との戦いでは敗北必至であるし、敵国領土・領海・領空で戦えない以上、ミニ国家にも勝てないのである。

三　交戦権を持たない国の補給戦――敗北は最初から決まっている

⑺海戦に於ける敵国私有財産没収の権利

ここまで戦闘自体について考えてきたが、仮に戦闘自体は日本の連戦連勝になったとしても、日本が勝ち切ることは困難である。仮に戦線で優勢であったとしても、補給戦で日本は敗北を決定づけられているからである。

補給戦で重要な位置を占めるのは、日本の地政学上の位置からして、当然海上であり、海戦となる。海戦法規は、敵国の私有財産に関する取扱いについて、陸戦法規と大きく異なる。陸戦法規では、原則として私有財産尊重の原則、私有財産没収不可の原則が存在する。これに対して、海戦法規の場合は、敵国の私有財産は没収できる。しかし、交戦権を放棄する日本には、この海戦に於ける敵国私有財産没収の権利は認められないことになる。

この点は、日本にとって非常に大きなハンディキャップとなる。敵国は、公海上で日本の商船を自由に拿捕没収することができるが、日本側は敵国商船に対して手を出せないのである。例えば、日本と中国が戦った場合、中国は、インド洋上でサウジアラビアやイランから運ばれてくる日本のタンカーを没収するだろう。しかし、交戦権のない日本は、やり返すことができないのである。

こういう状態が長引けば、日本の資源はだんだん乏しくなり、敵国の資源はだんだん豊かになっていくだろう。第九条第二項を持つ日本と戦うには、何も軍艦同士、陸軍同士の戦闘を行う必要はない。宣戦布告して国際法上の戦争に持ち込み、日本の海上私有財産を奪っていけばいいわけである。いや宣戦布告しなくても、国際的に事実上の戦争が行われているとみなされる状態に持って行けば、同じことが出来よう。それゆえ、第九条第二項護持の日本は、普通の中小国と戦った場合でさえも、百戦百敗となるしかないのである。日本の自衛隊は極めて優秀だと言われるが、いくら優秀な自衛隊を持っていても、交戦権を放棄すれば、そういう結果になるしかないであろう。

⑻中立国に対する諸権利――中立義務要求、臨検・拿捕、戦時封鎖

補給戦で重要なのは、中立国との関係である。事実上の戦争の場合は多少違うが、宣戦布告がなされて国際法上の戦争になれば、中立法規が適用される。中立国は、双方の交戦国に対して公平中立の態度を保たなければならない。従って、例えば、一方の交戦国に対して軍隊、軍艦などを供給してはならないし、一方の交戦国軍隊が自国の領土を通過することを許してはならない。

もしも、これらの中立国としての義務に違反するようならば、交戦国は中立国に対して抗議し、武力行使することも出来る。しかし、日本側は、交戦権を持たないから、抗議することさえもできないことになろう。そうなれば、中立国は、必然的に日本ではなく敵国よりの対応をすることとなろう。中立国は、日本の敵国とは取引を継続し、戦時禁制品も敵国に対して輸出し続けることになる。

中立国に対する権利で最も具体的な効果を持つのは、臨検・拿捕の権利であろう。交戦権を否認した日本は、敵商船に対しても中立国商船に対しても、少なくとも公海上や敵国領海内では臨検することは出来ない。臨検さえできないから、拿捕も没収もできない。しかも、公海上で敵軍艦の拿捕を出来るのかと言えば、日本にとっては戦争区域に公海は原則的に入らないわけだから、拿捕できないということになるのであろう。

ところが、敵方にとっては、戦争区域は、もう一度言うが、交戦国双方の領海だけではなく、公海も含まれる。従って、敵方は、公海上に於いて、日本の商船や中立国船舶に対して臨検・拿捕の権利を持つし、日本の商船を没収することも出来る。そして自衛隊の軍艦を拿捕し没収することも出来る。

こんな形では、日本は、絶対に海戦で勝利できないであろう。戦争に於いて決定的に重要なのは、資源物資の補給体制である。敵方に中立国商船を通じて資源物資が渡らないようにする重要な手段が、敵港に対する戦時封鎖である。戦時封鎖は、交戦国に認められた極めて重要な権利である。戦時封鎖が行われれば、封鎖された港への出入りは完全に禁止される。封鎖線を突破しようとした船舶は封鎖侵破とされ、その載貨も含めて拿捕没収される。

日本と戦う敵国は、戦時封鎖権があるので、一定程度の海軍力があれば、自由に日本に対する封鎖線を設定し、食糧も石油も日本に入っていかないようにすることができる。これに対して、日本側にはその権利は存在しないのである。

結局、普通の中小国と長期戦で戦った場合、日本は徐々に弱っていき、必ず敗北するであろう。補給が効かない日本と、補給が行われる敵国との間では勝負が見えているのである。

四　その他の交戦権否認の不都合

⑼宣戦布告の権利

交戦権否認の弊害は、戦闘自体、補給戦という問題で現れるだけではない。交戦権の一つに宣戦布告の権利がある。意外に思われるかもしれないが、交戦権を放棄していない国家は、戦力を持っていなくても、宣戦布告することは出来る。宣戦布告して、他国と共同して、自衛戦争や制裁戦争をすることができる。勝利すれば、特に勝利のために金銭的に大きな貢献を行っていれば、講和条約締結交渉にも堂々と出ることが出来よう。嫌な言い方だが、勝ち馬に乗ることも出来るのである。

これに対して、交戦権を否認した日本は、宣戦布告の権利を持たず、戦争の権利を持たず、勝ち馬に乗ることはできない。それどころか、講和条約の締結権はあるのか、という疑問さえも生まれてくるのである。ただし、締結権の有無にかかわらず、日本が敗北した場合には、敵国が日本を敗者として講和条約締結交渉の場に引きずり出すことになろう。要するに、「日本国憲法」の世界では、日本は勝者になることを予定されておらず、最初から敗者としての立場を割り振られているということであろうか。

⑽軍事規約締結の権利

講和条約締結権にふれたが、関連して軍事規約締結権があるのか、という問題も浮上する。軍事規約には降伏規約、休戦規約、捕虜交換規約などがあるが、いずれも軍隊指揮官が締結するものである。

この問題について日本政府はどのように考えているのであろうか。恐らく考えていないと思われるが、「軍事規約締結権はありますか」と質問されれば、「あります」と答えるものと思われる。しかし、軍事規約締結権はまさしく交戦国として持つ諸権利の一つである。それゆえ、敵国は、降伏規約を結んで日本側を油断させておいて、隙を見て不意打ちを食らわすということを企てるかもしれない。後から非難されても、敵側は、「交戦権を否認したあなた方には、軍事規約締結権はないから、こちらとしても、降伏規約を守る必要はない」と強弁することができよう。

⑾開戦に伴う諸権利――敵国財産の没収など

宣戦布告によろうと、敵対行為の開始によろうと、戦争が始まってしまえば、交戦国は、いろいろなことを行える。開戦によって外交関係は中止されるので、交戦国の領事の職務は行えなくなる。領事は、退去を許されず抑留されることもある。当然、交戦権をもつ敵国側は、日本の領事を抑留することもできるが、交戦権のない日本は、敵国の領事を抑留できるのだろうか。

一般の敵国人については、交戦国は、退去を命令してもよいし、在留を許してもよい。在留を許された敵国人を抑留することもできる。この場合も、日本側が抑留することは可能であろうか。

また、交戦国は、敵国人の通商を禁止したり、敵国との条約を破棄したりもする。

そして交戦国は、戦いを有利に進めるべく、敵の資源が増加しないように、自国内の敵国の財産に対する管理を行う。敵国及び敵国人の債権に対する支払いを停止するし、自国領域内にある敵政府の公有財産で軍事上の用途に使えるものは押収又は没収できる。現金及び有価証券、鉄道車両、航空機、兵器弾薬、食料品などがその例である。また、敵国人が持つ特許権、意匠権、商標権などを、実際上、無効としたり、停止したりする。

ここに挙げた権利が全て認められないわけではないかも知れない。だが、交戦権を持たない日本は、特に敵国人の抑留、敵国財産の没収の法的根拠をどのように作るのであろうか。

しかし、自国内の敵国財産の管理をきちんと行えなければ、この点からも、日本の補給戦は劣勢を強いられることになろう。

(12)捕虜となる権利

また、交戦権の一つに、捕虜として扱われる権利がある。前述のように、交戦権を放棄していない諸外国の正規の陸海空軍軍人は、捕虜として扱われる権利を有する。しかし、交戦権を放棄した日本の自衛隊員は、捕虜として扱われる権利を持つのであろうか。敵国に捕らえられた場合、果たして捕虜として遇されるのであろうか。交戦権もないのに人を殺傷し軍事施設を破壊した殺人犯・器物損壊犯として処刑されることはないのだろうか。政府は、日本が攻撃されたような場合には「紛争当事国」に当たるから捕虜になれると解釈している。しかし、敵国が、「あなた方の憲法では交戦権を否認し、あなた方の法律では自衛隊員は軍人ではありませんね。ですから、自衛隊員を軍人とはみなしませんし、捕虜としての待遇を与えません。単なる犯罪人として扱います」と主張してくる可能性は十分にあるということは考えておかなければならないだろう。

一生懸命に戦っても、軍人としての名誉を与えられず、犯罪人として処刑されるかも知れないような法状況では、自衛隊員の戦闘能力も十分に発揮されないのではなかろうか。

第九条第二項護持がもたらす日本存亡の危機について考察されよ

ここまで交戦権否認の意味するところについて考えてきたが、前述のように、通常、放棄される交戦権の例としては、占領地行政の権利と臨検・拿捕の権利だけが挙げられる。だが、本書で見てきたように、交戦国が持つ権利は、他にも多数存在するし、それらの権利の放棄とは、とんでもない事態を招くのである。

しかし、交戦権否認の怖ろしさは、以上では尽きない。その最大の問題は、国内対立が武力対立にまで至った場合に発生する。すなわち、日本政府に対して反乱を起こした団体が、日本の一地方を占拠して政府を組織した場合に、第三国がこの政府を交戦団体として承認すれば、この反乱団体は交戦権をもち中立国に対して色々な要求を行えるが、日本政府は色々要求する権利はないということになるのである。

今日、一定の現実性を持つのが、中国が半ば公然と推進する沖縄独立運動が大きくなり、沖縄の全部と言わずとも、一部を占拠して「琉球共和国臨時政府」というようなものを組織した場合である。第九条第二項を維持していれば、こういう独立政府が中国の支援を受けて各地につくられたとき、これらの反乱団体の方が、日本政府よりも優位な立場に立つ危険性があるのである。内乱を通じて外国の属国及び植民地になるというのはアジアの近代史で何度も繰り広げられて来た歴史であることを忘れてはならない。

ここまで、細かく、交戦権放棄の意味を考えていくと、第九条第二項護持、交戦権否認が日本国家の滅亡につながる可能性についてリアルに実感し、戦慄した。交戦権否認とは自衛権否認と同じ意味をもつのである。逆に言えば、自衛権を肯定するならば、交戦権も肯定しなければ意味が無いのである。諸外国は、そのことを理解しているからこそ、第九条第一項と同様の規定を持ったとしても、第二項のような規定を採用しないのである。

五　第九条第二項は属国化を招来した

卑屈な精神を作るのではないか――佐々木惣一の危惧

では、第九条第二項は、日本をどのような国家にしただろうか。第一に、卑屈な精神を日本政府と国民の中に植え付け、自ら運命を切り開く精神を解体した。

卑屈な精神形成については、早くも「日本国憲法」を審議した帝国議会で既に指摘されていた。指摘したのは、美濃部達吉と並ぶ戦前の有力な憲法学者であった佐々木惣一（ささきそういち）である。佐々木は、昭和二十一年九月十三日貴族院憲法改正特別委員会で、第九条によって、「国民は何だか自分は、国を為す人間として、自主的でない、何か独立性を失ったような、従って朗かでない、……日本の国民は果して、少しも卑屈のような気持を持つことがないと云う風に安心出来るものでありましょうか」と憂えている（清水伸『日本国憲法審議録』第二巻、原書房、一九七六年）。

現実に、戦後日本人の精神は、「卑屈」の二文字で表されるようなものに変化していく。佐々木の危惧は現実のものとなっていく。慰安婦強制連行説や性奴隷説が全く虚偽であることを百パーセント知りながら、それでも慰安婦問題について反省の言葉を述べるのが戦後日本人なのである。

トリップワイヤーを置かない日本政府

卑屈な精神は、慰安婦問題を中心とした歴史問題で最も現れているが、ここでは、尖閣問題に関して見ておこう。軍学者の兵頭二十八によれば、中国が尖閣を占領したからと言って、それだけではアメリカが動かない可能性がある、動かなくても日米安保条約違反にはならないという。日米の共同防衛を定めた日米安保条約第五条は、次のように規定している。

第五条　各締約国は、日本国の施政の下にある領域における、いずれか一方に対する武力攻撃が、自国の平和及び安全を危うくするものであることを認め、自国の憲法上の規定及び手続に従つて共通の危険に対処するように行動することを宣言する。

傍線部に在るように「日本国の施政の下にある領域」における武力攻撃があった場合に初めて米軍は動くわけである。アメリカは、尖閣が日本国の施政の下にあることは認めているが、中国が単に尖閣を占領しただけでは「武力攻撃」があったとはみなせない。だから、全く動かないことも考えられるわけである。

そこで、兵頭は、尖閣に少人数の陸上部隊を置くこと、或いは巡回という形でもよいから陸上部隊を関与させておく政策を推奨する。少数の陸上部隊が中国に襲われる形になれば、必然的に「武力攻撃」があったことになり、中国側が侵略者となる。日米安保条約が発動し、アメリカが日本を守ることになる。日米安保条約が無くても、このようにあからさまな侵略行為に対しては、日本の武力行使は自衛行動となり、アメリカは日本と共同で戦えることになるのである。

この少人数部隊を置くことをトリップワイヤーと言う。この部隊を攻撃すれば、トリップワイヤーをひっかけたことになり、中国側は極めて困った事態となる。そのことを十分分かっているから、中国は、この少人数部隊を攻撃しないという。

しかし、尖閣に陸上部隊を置いておくなどの策を採っていなければ、中国側は、例えば偽装難破をした漁民が尖閣に緊急上陸し、漁民救済の名目で海警局の大型船で大人数の武装警察官を上陸させれば大成功である。今の日本には、尖閣に上陸し居座りを続ける中国人を排除する決断を下せる政治家も外交官もいないから、ここで中国側の勝利が確定する。時と共に、竹島と同じことになると兵頭は述べるのである（兵頭二十八『日本の武器で滅びる中華人民共和国』講談社、二〇一七年）。

尖閣に陸上部隊を置くという簡単な決断を下せない所に、今の日本の政治家や官僚の卑屈さ、ひ弱さが現れている。いや、兵頭が言うように、そもそも日本の政治家や官僚の中にトリップワイヤーという概念が組み込まれておらず、戦争のセンスがないから、少数の陸上部隊さえも置けないのかもしれない。

アメリカの「奴僕国家」を作った

いずれにせよ、第九条第二項は、卑屈な日本人をつくり、戦争をめぐる知識もセンスもない官僚や政治家を作った。官僚や政治家は、アメリカに対する依存心を、少しずつ拡大してきた。

この卑屈さや依存心と相俟って、第二に第九条第二項は、日本をして、「二」の最初の所で述べたように、アメリカの属国又は「奴僕国家」にした。本書で展開してきたように、自衛戦争も自衛戦力も認めない、交戦権も認めないという考え方では、結局自衛権を放棄したこととなる。第九条第二項を維持すれば、一対一で戦った場合、韓国には勿論敗北して対馬を取られることになるし、ミニ国家にも、負けなくても勝つことはできない。結局、図体の大きな国のくせに、他国に守ってもらう形以外の自衛は無理だということになるのである。

従って、第九条第二項を維持していれば、大国の属国となり、最悪の場合、いつでもその大国によって別の大国に対して売り渡されてしまうことになる。大国から、つまりアメリカから「俺は知らん」と言われれば、そこで終わりである。別の大国、つまり中国の属国となり、下手すれば吸収合併され、東海省と倭人自治区に再編されてしまうかもしれない。即ち、日本国の滅亡である。

つまり、自衛戦争と交戦権を認めて初めて、他国の属国にならずに他国と対等の同盟国となり、自衛することができるのである。一刻も早く、日本の政治家、官僚、そして国民には、この自明の理を理解していただきたいと考えるものである。

第二章　自衛戦力と交戦権を肯定せよ

第一章では、自衛戦力を否定し、交戦権を否認していたのでは、ミニ国家にも勝利できず、大国の属国か滅亡に至るしかないことをみてきた。それゆえ、国際法上認められている自衛戦力と交戦権を肯定する国内法を確立しなければならない。

六　正しい第九条解釈を――自衛戦力と交戦権を肯定せよ

その方法にはどんなものがあるだろうか。何よりもまず試みなければならないのは、第九条解釈を、自衛のための戦力と交戦権を肯定する説に転換することである。大石義雄『日本国憲法の法理』（有信堂、一九六五年）や長尾一紘『日本国憲法　全訂第4版』（世界思想社、二〇一一年）などによって説かれてきたところである。

この説は、「日本国憲法」の解釈として十分に成立するし、むしろ正しい解釈と言うべきものである。日本が独立国として生き残りたいと思えば、すぐにも、この解釈に転換すべきである。

自衛戦力を持つ権利と交戦権は自然権

何よりも、もう一度言うが、自衛戦力と交戦権は、独立国家にとって、これらが無ければ他国の属国になるか滅亡を招来するものである。それゆえ、自衛戦力を持つ権利と交戦権は、国際法が認めているものであり、放棄することの許されない自然権とも言うべきものである。だからこそ、戦力を持つ権利を否定する憲法も、交戦権を否認する憲法も、諸外国には一つも存在しないのである。平和憲法としてよく引き合いに出されるコスタリカの憲法も、常備軍廃止を謳っていても、危機の時には軍隊をつくると明言しているし、戦力を持つ権利を肯定しているのである。

文理上は、自衛戦力肯定説も否定説も成立する

また、「日本国憲法」成立過程の研究からも、自衛戦力肯定説は唱えられている。いわゆる芦田修正を根拠にしたものである。昭和二十一（一九四六）年六月、帝国憲法改正の政府案が帝国議会に上程された。政府提出案第九条はつぎのようなものだった。

第一項　国の主権の発動たる戦争と、武力による威嚇又は武力の行使は、他国との間の紛争の解決の手段としては、永久にこれを抛棄する。

第二項　陸海空軍その他の戦力は、これを保持してはならない。国の交戦権は、これを認めない。

この政府案のままであれば、自衛のためであろうと戦力は持てないし、交戦権は認められないことになる。少なくとも文理上から言えば、大石説や長尾説が登場する余地は全く無かったと言える。しかし、右の政府案は、七月から八月にかけて開かれた衆議院憲法改正特別委員会内小委員会で審議され、八月一日、次のように修正され、「日本国憲法」成文となっていく。

第一項　日本国民は、正義と秩序を基調とする国際平和を誠実に希求し、国権の発動たる戦争と、武力による威嚇又は武力の行使は、国際紛争を解決する手段としては、永久にこれを放棄する。

第二項　前項の目的を達するため、陸海空軍その他の戦力は、これを保持しない。国の交戦権は、これを認めない。

傍線部が修正点であり、いわゆる芦田修正である。芦田修正の名称は、この衆議院憲法改正特別委員会とその内部に置かれた小委員会の委員長を務めた芦田均(後に内閣総理大臣となる)にちなんで付けられたものである。

この芦田修正によって、「前項の目的」をどう捉えるかで解釈問題が生ずることになった。すなわち文理上から言えば、第一項に記された「正義と秩序を基調とする国際平和を誠実に希求し」を指すと捉える解釈も出てくるし、第一項全体を指すと捉える解釈も出てくることになる。前者の説であれば、特に第九条の趣旨は変わらない。これに対して、第一項全体を指していると解すれば、自衛戦力肯定論と自衛のための交戦権行使肯定論が登場する可能性が与えられるわけである。

筆者なりに考察するならば、自衛戦力肯定説と否定説の成立可能性は、文理上、同等である。だが、自衛のためであっても、交戦権肯定論は文理上の困難さがつきまとう。第二項は、二つの文に分かれており、「前項の目的を達するため」が後文の「国の交戦権は、これを認めない」に掛かっているとは、すんなり読めないからである。

だからこそ、文言に忠実な解釈を行った佐々木惣一は、「前項の目的を達するため」を前文の「陸海空軍その他の戦力は、これを保持しない」にだけ掛かるものとして読み、自衛戦力を肯定しながら交戦権を否定したのである(佐々木惣一『改訂日本国憲法論』有斐閣、一九五四年)。

ケーディスは自衛戦力肯定説を承認していた

文理解釈の問題はともかくとして、第九条成立史について話を続けよう。議事録を読むと、小委員会は、「前項の目的」は「正義と秩序を基調とする国際平和を誠実に希求し」の部分を指すと捉えていた。この修正案の提案者である芦田は、八月一日の委員会で、「正義と秩序を基調とする国際平和を誠実に希求し」という目的を第一項でも第二項でも書きたいところだが、重複するから「前項の目的を達するため」と書いたのだと発言している(衆議院事務局編『衆議院帝国憲法改正案委員小委員会速記録』衆栄会発行、一九九五年)。

ところが、芦田は、小委員会開催中に何度もGHQ民政局のケーディスと会って、芦田修正について承認を受けている。第九条の起草者であるケーディスは、第九条の問題について、どのように考えていたのであろうか。一九八四年八月二十八日、ケーディスは、占領史研究者竹前栄治のインタビューを受けているが、その記録を基に見ていこう(竹前栄治『日本占領――

ＧＨＱ高官の証言』中央公論社、一九八八年）。

当時のインタビューによれば、ケーディスは、「憲法第九条は個人や国家の自衛権、そのための軍隊の存在を排除するものではなかったのです」と発言している。それゆえ、ケーディスはいわゆる芦田修正に対して抵抗感は全くなく、すぐに受け入れたという。ケーディスは、次のように発言している。

私があっさり受け入れてしまったので、むしろ彼の方がたいへん驚きました。あの日、芦田さんは外務省からお供を連れて、私一人しかいなかったオフィスにやって来ました。彼は「憲法第九条二項のトップに〝前項の目的を達するため〟という文言を挿入しても、ＧＨＱの方針と矛盾しませんか」と尋ねたので、私は「異存はありません」と答えました。……彼は喜んでたいへん感謝しました。

このケーディス証言によれば、芦田は、「前項の目的を達するため」が自衛戦力肯定説に道を開く可能性について意識していたようである。また、ＧＨＱのケーディスさえも、自衛戦力肯定説を少なくとも排除しない立場であったことを確認しておきたい。いや、先述の「憲法第九条は個人や国家の自衛権、そのための軍隊の存在を排除するものではなかったのです」という発言を重視するならば、むしろ自衛戦力肯定説に立っていたと捉えるべきであろう。

極東委員会も自衛戦力肯定説に立っていた

さらに言えば、連合国による日本統治に関する最高機関である極東委員会も、第九条第二項が自衛戦力を肯定するものであると解釈していた。前述のように八月一日の衆議院の小委員会で「前項の目的を達するため」が第九条第二項に挿入された後、そのまま八月二十四日の衆議院本会議で可決されている。

この第九条修正によって、自衛戦力肯定説が生まれることに気付いた極東委員会は、九月二十一日、現役軍人が日本政治に於いて力を持たないようにするために、大臣が文民であるべきことの規定の新設を日本側に要求する決定を行う。委員会におけるカナダ代表のパターソンの発言を引いておこう。

この憲法が通過したのち、公的に承認された陸軍大将や海軍大将が出現するであろうことは、まったく考えられうることである。もしすべての大臣がシビリアンでなければならないという条項が入れられれば、彼らが閣僚の地位に指名される可能性についての疑念はなんらなくなるであろう。……この点について委員の間に意見の相違があるとは思えない（西修『日本国憲法はこうして生まれた』中央公論社、二〇〇〇年）。

この極東委員会の要求に基づき、「日本国憲法」第六十六条第二項の文民条項が生まれたのであるが、その前提として、嫌々であろうが、自衛戦力肯定説を承認する極東委員会の立場があったことを確認しておきたい。この極東委員会の動きを根拠に、西修は自衛戦力肯定説を展開している（西修『日本国憲法の誕生を検証する』学陽書房、一九八六年、同『ここがヘンだよ！日本国憲法』アスキー、二〇〇一年、同「私の憲法第九条改正案」『改革者』二〇一七年八月号）。

要するに、第九条の起草者であるケーディスも、連合国側の最高機関である極東委員会も、全てが自衛戦力肯定説を否定していなかった。最近三〇年間ほどの研究の進展により、このことが分かったことを強調しておきたい。なぜ、日本政府も、学説も、自衛戦力肯定説に転換しないのか、本当に解せない事である。

交戦権とは何か分からずに規定していたケーディス

以上、国際法及び普遍的法理、文理上、第九条成立過程、これら三つの観点から、自衛戦力肯定説こそが正しいことを説いてきた。

では、第九条の解釈として、自衛目的であれ、交戦権を肯定することは出来るのであろうか。筆者は、確かに文理上から言えば困難があるが、成立過程と国際法及び普遍的法理からすれば、特に後者からすれば、自衛戦力の場合以上に肯定しなければならないものだと考える。

まず話の流れから第九条成立過程を振り返ってみよう。今日に於いても、交戦権とは何か、きちんと確定していないし、よく分からない所がある。当時はもっと分からなかったようである。ケーディスは、一九八一年に行われた古森義久によるインタビューの中で、「最後の『交戦権』ですが、これは実のところ日本側がその削除を提案するよう、私はずっと望んでいたのです。なぜなら『交戦権』というのが一体、なにを意味するのか私にはわからなかったからです。いまもってよく分かりません」と述べている（古森義久『憲法が日本を亡ぼす』海竜社、二〇一二年）。

自衛戦力と交戦権を共に肯定する解釈を

このように、成立経緯から言えば、起草者自身が意味も分からず規定したような言葉に振り回される必要はないと言える。ケーディス自身が「日本側がその削除を提案するよう、私はずっと望んでいた」と言っているのだから、第九条第二項後文は存在しないものとして解釈してもよいと思われる。言い換えれば、文理解釈の困難さに囚われることはないということである。

それゆえ、交戦権の問題については、基本的に、国際法及び普遍的な国家の在り方から考えればよいのではないか。そもそも、自衛戦力問題は直接には国内法の問題かもしれないが、交戦権の問題は直接には国際法の問題だからである。いや、純粋に国際法の問題だと言えるかもしれない。

また、第一章で展開したように、国家が独立を維持するには、自衛戦力を保持する権利も交戦権も共に必要である。「日本国憲法」は独立国家の最高法なのだから、当然に、自衛戦力だけではなく、交戦権も肯定しなければならないと言えよう。交戦権を行使しようにも軍隊が無ければその多くは行使できないし、軍隊が存在しても交戦権を行使できなければ機能不全に陥るからである。何しろ、世界有数の「軍隊」（自衛隊）を持ったところで、交戦権を持てなければ、ミニ国家にも勝てないことは、第一章で展開した通りである。どうも、この点が、日本の憲法学者や国際法学者、政治家、官僚にはほとんど理解できていないようである。

なお、国際法と文理解釈をすり合わせようと考えるならば、無理にでも、「前項の目的を達するため」が第二項後文の「国の交戦権は、これを認めない。」に掛かっていると解釈した方がよい。とすれば、自衛戦争を行う場合には交戦権は認められるが侵略戦争を行う場合には交戦権は認められないという解釈となろう。

しかし、国際法的には、戦争の始まりが自衛のためであろうと侵略のためであろうと、一旦戦争が始まってしまえば、自衛権を発動する側にも侵略者側にも、交戦権は平等に認められる。従って、上記のような限定を置かずに交戦権を認める方が合理的であり、国際法に適っていることになろう。もちろん、国連の機能が有効に発揮されれば、自衛側と侵略側の交戦権は平等に認められるわけではない。だが、国連が十分に機能を発揮する場面は極めて稀である。それゆえ、限定を置かずに交戦権を認める解釈の方が優れているとは言えよう。

ともあれ、「自衛のための」という限定付きであれ、限定なしであれ、交戦権を認める第九条解釈が求められていると言えよう。一刻も早く、第九条第二項の正しい解釈を確立し、自衛戦力と交戦権を肯定しなければならない。今、筆者が訴えたいことは、この点に尽きているとも言える。

七　「日本国憲法」は憲法として無効である

誤った第九条解釈の上に成立した「日本国憲法」改正論

ここまで筆者は、国際法及び国家に関する普遍的法理（国家論と言ってもよい）と文理解釈のすり合わせを行うという態度で、成立史も参考にしながら、正しい第九条解釈を求めてきた。この態度からすれば、自衛戦力と交戦権を肯定する解釈が完全に成立するのである。

ところが、歴代政権も多くの憲法学者も、国際法及び国家論を無視する態度をとり、戦力も交戦権も認めない誤った解釈をわざわざ採用し、維持してきた。安倍首相自身も、同じ態度を持してきた。従って、改憲派は、自衛戦力を保持し交戦権を持つために、「日本国憲法」の改正をしなければならないと主張してきた。

ところが、この「日本国憲法」改正論という考え方がまた、国際法及び国家論を無視した誤った考え方なのである。国際法及び国家に関する普遍的法理から考察すれば、「日本国憲法」は憲法として有効に成立していないからである。筆者に言わせれば、「日本国憲法」は憲法として無効な存在である。

「日本国憲法」はどのように作られたか

では、何故に「日本国憲法」は無効なのか。周知のように、「日本国憲法」は、アメリカを中心にした連合国に占領されていた主権の無い時代に作られたものである。「日本国憲法」の原案は、GHQの民政局にいたアメリカ人がつくったものである。彼らは、フランス革命における人権宣言や、アメリカ独立宣言、アメリカの連邦憲法、ソ連憲法などを参考にして憲法草案を作成した。GHQ案である。GHQ案は、日本政府に押し付けられ、若干の修正を経て、六月二十日、天皇の発議案として帝国議会に提出される。この政府案作成過程において、日本に自由意思がなかったこと、政府案が押し付けられたものであることには、今日ではほとんど異論がないと言える。

帝国議会の審議では、国民主権が明記されたり、文民条項が新設されたり、いろいろ重要な修正が行われている。しかし、これらの修正も、連合国の対日政策決定機関である極東委員会やGHQの要求によって行われたものであった。修正案を立てた議員たちは、GHQ等の意向に適うように政府案に対する修正案を提出したり、逆に適わないと判断すれば自分たちの立てた修正案を引っ込めたりしていた。議会も、自由意思を全く持っていなかったことに注目されたい（小山常実『「日本国憲法」無効論』草思社、二〇〇二年）。

そして、議会における修正を経た帝国憲法改正案は、十月七日に可決され、十一月三日、公布されるのである。

このように、「日本国憲法」は、第一に主権の無い時に作らされた、第二に外国人が原案を作り、政府の自由意思も議員の自由意思もない状態で作られた、という異例の特徴を持っている。それゆえ、昨年八月十五日、当時のアメリカ副大統領バイデンは、共和党大統領候補トランプを批判する文脈の中で、「アメリカが日本の憲法を書いた」と発言する騒ぎも起きているのである。

一般国際法は憲法の押し付けを許さない

しかし、国際法及び普遍的な国家の在り方から言って、独立国の憲法はその国の自由意思で、具体的には、その国の政府や議員の自由意思でつくるべきものである。それゆえ、そもそも、独立国の憲法は、占領下で、即ち主権の無い時に作るべきものではない。

確かに、占領下、即ち主権の無い時に憲法を作るべきではないということは、国際法にも帝国憲法にもストレートに書かれていない。余りにも当たり前だからである。余りにも当たり前のことは書かれないものである（井上孚麿『憲法研究』政教研究会発行、東京堂発売、一九五九年）。

ただし、この趣旨に一番近いことは、後述する、一般国際法たるハーグ陸戦条約付属文書「陸戦の法規慣例に関する規則」（以下、陸戦条規と記す）第四十三条に書かれている。また、国際法でも日本法でもないが、フランス第四共和制の憲法（一九四六年）と第五共和制の憲法（一九五八年）に書かれている。二つの憲法では、ストレートに占領下における憲法改正の禁止が書かれている。第五共和制の憲法を引いておこう。

第八十九条第四項　領土が侵されている場合は、改正手続きに着手し、又はこれを追求することはできない。

さらに言えば、帝国憲法第七十五条は、「憲法及皇室典範ハ摂政ヲ置クノ間之ヲ変更スルコトヲ得ス」と規定している。これは、統治者の自由意思が欠落する時には憲法や典範は改正できないという趣旨の条文である。占領中にはなおさら、統治者の自由意思が欠如することになるから、この場合にも憲法や典範の改正はできないことになると解釈できる。それゆえ、「日本国憲法」が占領下に作られた事実は、陸戦条規第四十三条という一般国際法に違反するし、帝国憲法にも違反すると判断できるのである。すなわち、国際法にも国内法にも違反する「日本国憲法」は、憲法として無効であると言わねばならない。

本来、陸戦条規第四十三条やフランス憲法第八十九条、帝国憲法第七十五条があろうとなかろうと、他国の憲法に手を出すべきではないという一般国際法と、自国の憲法は自国の自由意思で作るべきであるという憲法が存在する。他国の憲法に手を出すべきではないという国際法が守られている間には、フランス憲法のような規定は不要であった。フランスはナチにビシー憲法を「押し付け」られて初めて、自国の憲法は自国の自由意思で作るものであるという法理を再確認し、占領下の憲法改正禁止を規定したのである。

ハーグ陸戦条規第四十三条

では、他国の憲法に手を出すべきではないという一般国際法を表したと言われる陸戦条規第四十三条とはどういうものであろうか。第四十三条を以下に引用しよう。

国の権力か事実上占領者の手に移りたる上は、占領者は、絶対的の支障なき限、占領地の現行法律を尊重して、成るへく公共の秩序及生活を回復確保する為施し得へき一切の手段を尽すへし。

ここからまず、原則として、占領地の現行法律を変更できないこと、法律さえも変更できないのだから、まして憲法は変更できないこと、以上二点を確認できる。とはいえ、この条文の文言からすれば、「絶対的の支障」があれば、現行法律を変えることが出来るように読むことができる。ひいては、憲法を変えることが出来るように読むことができる。

しかし、この読み方は、明らかに間違いである。この一年間、前に挙げた立作太郎『戦時国際法論』を読み続けているが、立によれば、「絶対的の支障」がある場合とは、占領軍の安全確保など軍事的関係の必要性がある場合であり、或いは占領地の安寧秩序維持に必要な場合である。つまり、「絶対的の支障」とは、憲法問題とは何の関係もない理由である。

しかも、日本人はおとなしく占領権力に従っていたわけだから、更に強く、「絶対的の支障」などなかったといってよい。従って、占領期に憲法改正を行わせた連合国は、完全にハーグ陸戦条規第四十三条違反の行為をしたことになるのである。

ポツダム宣言自身は憲法改正を要求していない

しかし、一九四五(昭和二十)年七月二十六日、アメリカ、英国、中華民国の三国は、ポツダム宣言を発した。この宣言は、日本軍の無条件降伏を定めていても日本国の無条件降伏を定めたものではなく、降伏条件を八項目示した有条件降伏を要求したものだった。にもかかわらず、戦後日本の憲法学界を牛耳ってきた宮澤俊義系憲法学者は、この有条件降伏要求を無条件降伏要求に歪曲してきた。そして、日本は無条件降伏したのだから、憲法を押し付けられても仕方がなかったという雰囲気づくりを行ってきたのである。

それはともかく、ポツダム宣言の七番目の要求が、憲法改正問題と関わるものである。次に掲げよう。

前記諸目的が達成せられ、且日本国国民の自由に表明せる意思に従ひ、平和的傾向を有し、且責任ある政府が樹立せらるるに於ては、聯合国の占領軍は直に日本国より撤収せらるべし。

憲法学の多数派、即ち宮澤系学者は、傍線部から憲法改正が必要になったと説くわけであるが、「平和的傾向を有し」「責任ある政府」の「樹立」のためには、別に憲法改正は必要ではなかった。大正デモクラシー期に行われた帝国憲法の運用で充分達成可能であった。しかも、占領下の憲法改正を禁止する一般国際法と併せて考えれば、ポツダム宣言自身は、憲法改正を要求したものではないと解釈するのが正しいと言えよう。

バーンズ回答も憲法改正を要求したものではない

ところが、八月十日付で、日本政府は、米英中ソ四ヵ国政府に対して、「天皇の国家統治の大権を変更するの要求を包含し居らざることの了解の下に」ポツダム宣言を受諾する用意がある旨を伝えた。

これに対する四ヵ国の返答が、八月十一日付で、アメリカのバーンズ国務長官によって行われた。その第五項には、次のような文言が並んでいた。

日本国の最終的の政治形態は（The ultimate form of government of Japan）、『ポツダム』宣言に遵い、日本国国民の自由に表明する意思に依り決定せらるべきものとす。

宮澤系学者は、更にこの第五項の「政治形態（せいじけいたい）」という言葉を根拠にして、国体を含む憲法改正が可能になったと理解する。だが、「form of government」は国体と区別された意味の政体という訳が正解である。わざと誤訳されたと思われるが、バーンズ回答は、政体を日本国国民（具体的には政府と議会）の自由意思によって決定することを要求したものだと言える。筆者は、政体をいじるわけだから憲法改正問題が浮上すると考え、『戦後教育と「日本国憲法」』（日本図書センター、一九九二年）以来、このバーンズ回答受け入れによって、国体を除く憲法改正が必要になったと理解してきた。ただし、政府も議会も自由意思を持っていなかったから「日本国憲法」の成立は無効であると判断してきたのである。

しかし、戦時国際法について学習していくにつれ、仮に政体に関する法規定が求められたとしても、それを憲法改正という形で行う必要はあるのだろうかと考えるようになった。何しろ、憲法を改正しろという要求は、ポツダム宣言自体にもバーンズ回答にも存在しないのである。具体的には、国家運営臨時措置法、国家基本法、暫定憲法といった形式で政体について定めることを求めたのがバーンズ回答であると理解した方が正しいのではないか。その方が、《他国は独立国の憲法に手を出すべきではない》という一般国際法を毀損することが少ないからである。実際、日本と同じく占領されていた西ドイツは、憲法とせず、基本法として作ったし、最近のアブニスタンやイラクは、暫定憲法として作った。占領下日本の場合にも、同じことがあてはまると言えよう。

ところが、連合国は、第一に永久憲法として「日本国憲法」を作らせた。第二に、前述のように、帝国議会の自由意思さえ認めず、国体規定（帝国憲法第一条から第三条乃至第四条）までも手を付けた。だからこそ、「日本国憲法」という存在は、ポツダム宣言やバーンズ回答、そして陸戦条規第四十三条に表された国際法に違反した無効憲法なのである。

にもかかわらず、宮澤系学者は、陸戦条規第四十三条は、戦闘継続中の「軍事占領」を想定した規定であり日本占領の場合には適用されない、と片付けてしまう（芦部信義、佐藤功。「憲

法調査会報告書付属文書第十号　憲法無効論に関する報告書」、昭和三十九年内閣憲法調査会編『憲法調査会報告書』ＣＤ―ＲＯＭ版、財務省印刷局制作・発行、二〇〇一年、所収）。

しかし、アメリカ自身は「軍事占領」と位置づけていた。アメリカは、マッカーサーに手渡した「降伏後に於けるアメリカの初期の対日方針」（一九四五年九月六日）という文書の中で、「軍事占領」と記しているからである。つまり、宮澤系学者は、アメリカ以上に連合国に都合の良い解釈を施して陸戦条規第四十三条を排除したのである。

国際法を無視する憲法学者

こうして宮澤系学者は、第一に、第四十三条を排除したうえで、永久憲法として「日本国憲法」を作らせたことを正当化した。わざわざ、日本側に有利な国際法である第四十三条を排除したことに注目されたい。第二に、議会審議等について歴史偽造を行うことによって、ポツダム宣言やバーンズ回答の要求していた「日本国国民の自由に表明する意思」という要件を満たしたとしてきた。そして、それ故に「日本国憲法」は有効なものであるとしてきたのである。

何とも、すさまじき国際法無視と事実の捏造である。

国際法無視と言えば、既にふれたように、宮澤系学者は、ポツダム宣言が無条件降伏を要求したものであるという、およそ信じられない歪曲解釈も行っている。この歪曲解釈も、日本側に不利なように行っていることに注目されたい。

要するに、「日本国憲法」有効論とは、日本に有利な国際法を無視することによって（陸戦条規第四十三条の場合）、あるいは国際法を日本に不利なように歪曲解釈することによって（ポツダム宣言やバーンズ回答の場合）、成立するものである。さらに言えば、自国の憲法は自国の自由意思で作るべきである、という思想を込めた帝国憲法第七十五条を無視することによって成立する。すなわち、「日本国憲法」有効論は誤った考え方である。従って、有効論を根拠にして成立する「日本国憲法」改正論も誤っていると言わねばならない。

八 「日本国憲法」改正では自衛戦力と交戦権は取り戻せない

「日本国憲法」改正は再度の押し付けを招く

しかも、「日本国憲法」改正論は多くの害毒を流すことになる。筆者は、『憲法無効論とは何か』（展転社、二〇〇六年）の中でそれらの害毒について指摘しているが、そのうち二つだけ指摘しておきたい。

もう一度言うが、「日本国憲法」改正論の前提は、「日本国憲法」有効論である。つまり、渡部昇一がよく指摘していたように、「日本国憲法」の改正を行うということは、外国によって押し付けられた「憲法」なるものに、一種のレジティマシー（正当性）を与えることになってしまうのである。とすれば、今後、例えば中国との戦争に負けて占領されて「憲法」を押し付けられても、拒否できなくなるのである。外国による「憲法」の再度の押し付けに道を開くことが第一の害毒である。

「日本国憲法」改正は自虐史観を強化する

第二の害毒は、「日本国憲法」成立過程史を初めとした各種の歴史偽造が更に続き、自虐史観が継続し強化されることである。そもそも、「日本国憲法」成立過程史の研究がきちんと行われてきたことはない。占領期にはＧＨＱが原案を作ったことが隠されていた。そして、「日本国憲法」無効論は、そもそも生まれないように、徹底的な言論統制が行われてきた。それゆえ、占領解除後も、「日本国憲法」成立過程史の研究を、日本人はサボタージュしてきた。日本の国会は、平成七（一九九五）年まで、最も「日本国憲法」審議を中心的に行った衆議院憲法改正委員会内小委員会の議事録について秘密議事録指定をし、一般の人間が読めないようにしてきた。「日本国憲法」成立過程史の研究をオープンに行うことを回避してきたのである。今日でも、特に議会審議の研究はきちんと行われているとはいいがたい状況である。

真面目に行われないのは何故か。それは、正面から成立過程史の研究が行われれば、「日本国憲法」無効論を招き寄せることになるからである。

無効論を招き寄せないためには、何でも行われてきた。ポツダム宣言が無条件降伏を求めたものだという嘘、国民が「日本国憲法」の原案を支持したという嘘、議会が自由に審議したという嘘、等々である。これらの嘘が、特に憲法解釈書や中学校の公民教科書及び歴史教科書で流され続けたのである（前掲小山『「日本国憲法」無効論』）。

「日本国憲法」を正当化するために行われたのは、成立過程史の捏造乃至歪曲だけではない。二つの物語が作られた。日本悪者物語と帝国憲法（体制）は良くないという物語である。日本悪者物語とは、端的に言えば、日本は悪いことをしたから自衛戦力さえも放棄した、という物語である。或いは、日本は悪いことをしたから「日本国憲法」を押し付けられても仕方がない、という物語である。そこで、日本の戦争を「侵略」と位置づけるだけでなく、数々の「悪行」を創造していかなければならなくなる。「従軍慰安婦」問題を代表とする歴史捏造又は歴史歪曲が必要となる。これらを歴史教育と歴史学が行い続けてきたのである。

二つ目の帝国憲法（体制）は良くないという物語は、帝国憲法は非民主的、非人権的な憲法だから、「日本国憲法」が作られたという物語である。この物語も歴史教育と歴史研究が担ってきたが、更に憲法学や公民教育も担ってきた。最近の歴史研究は、帝国憲法（体制）を民主的なものとしてそれなりに評価するようになっているが、歴史教育、憲法学、公民教育にはほとんど変化がない。

このように、「日本国憲法」を有効なものとするために、数々の歴史偽造乃至歴史歪曲が行われ続けてきたのである。今後、「日本国憲法」の改正が行われれば、「日本国憲法」の有効性をでっち上げるために、成立過程史の捏造乃至歪曲も、日本悪者物語も帝国憲法（体制）は良くないという物語も、更に強固なものになっていくだろう。要するに、自虐史観からの脱却など、できなくなるのである。言い換えれば、「日本国憲法」を改正するという形で憲法改正を行うことは、歴史戦の大敗北を結果するのである。

国際法と憲法の基本が毀損された状態の正当化

これら二点以外に、国際法と憲法の基本が毀損した状態が固定化されるという害毒も指摘しなければならない。もう一度言うが、条文があろうとなかろうと、近代国家と国際社会の世界では、他国の憲法に手を出すべきではないという一般国際法と、自国の憲法は自国の自由意思で作るべきである（憲法制定権は自国がもつべきである）という憲法が存在する。ところが、国際法も帝国憲法も無視する形で、無法な形で「日本国憲法」が作られた。にもかからず、「日本国憲法」の改正を行い「日本国憲法」に正当性を与えてしまえば、国際法と憲法の基本が毀損された状態が正当化されてしまうことになる。これが第三の害毒である。

それゆえ、「日本国憲法」改正という形の憲法改正策は、とってはならない策である。

第九条第二項を護持する「日本国憲法」改正策は亡国の道

しかし、現在の日本政府や国会が進もうとしている道は、「日本国憲法」を有効なものとして位置づけて改正する路線である。この路線に抵抗する者のほとんども、「日本国憲法」を有効なものとして位置づけて改正せずに済まそうとする路線である。前者の改正論も後者の非改正論も、国防問題に焦点を当てれば、それぞれ二つの種類に区分できる。従って、「日本国憲法」有効論に基づき憲法問題に臨もうとする策には、以下の四種が存在する。

i　「日本国憲法」を改正しないままにしておくが、第九条第二項の解釈を自衛戦力と交戦権の肯定説に転換する＝解釈転換・非改正

ii　「日本国憲法」を改正しないままにしておき、解釈も転換しない＝解釈維持・非改正

iii　第九条第二項を削除した「日本国憲法」改正を行う＝第二項削除改正

iv　第九条第二項を維持した「日本国憲法」改正を行う＝第二項護持改正

もちろん四策の中では、iの解釈転換・非改正策が最良の策である。尖閣有事などに十分に対応できるし、「日本国憲法」を改正することによる自虐史観強化などの害毒が存在しないからである。そして、解釈転換による戦力と交戦権の肯定は、国家論と国際法の復活につながるからである。国家論と国際法に対する理解が進めば、《他国の憲法に手を出すべきではない》

という一般国際法と、《自国の憲法は自国の自由意思で作るべきである》という憲法とが存在することに気付き、「日本国憲法」無効論に進化していくかもしれない。

これに対して、ⅳの第二項護持改正策は、最低最悪の策である。国防方針が現状と変わらないわけだから、尖閣有事などに対応できず、自虐史観強化などの多くの害毒が撒き散らされるだけだからである。安倍改憲案がその例だが、第九条第二項を削除しない全ての「日本国憲法」改正策が、ⅳに該当する。ⅳの中では、戦力ではないものとしてであれ、自衛隊を「日本国憲法」に位置づける安倍案はましな方の策であるとは言えよう。しかし、ⅳ策は、全て亡国の策であることには変わりはないのである。

このⅳ策に比べれば、ⅱの解釈維持・非改正策の方が、まだはるかにましである。基本的に有事に対応できないことは同じだが、自虐史観強化などの害毒は存在しない。しかも、現状の「日本国憲法」がアメリカ人が作ったことは広く知られてしまっているから、いざ本当に危険な時には、「日本国憲法」など関係なく、国家として普通にやるべきこととされる国際標準のことをこなしていけるかもしれない。つまり、少ない可能性ではあるが、度胸があり弁舌能力の高い指導者が現れれば、危機的な状況において、第九条第二項を完全に無視するか、あるいは第九条第二項の解釈変更を行うことができるかもしれない。そうすれば、明確に有事に対応できよう。

ところが、iv策のように、「日本国憲法」改正をわざわざ国民投票にかけて、第九条第二項を護持すれば、政治的には最早、第九条第二項は押し付けられたものではなく日本国民自身が選択したものとなる。第九条第二項を含む「日本国憲法」全体に正当性を与えたことになる。同じようなことを、荒木和博・荒谷卓・伊藤祐靖『自衛隊幻想――拉致問題から考える安全保障と憲法改正』(産経新聞出版、二〇一六年)の中で、荒木は次のように述べている。

私はなかば本気で、「憲法改正はしなくていいんじゃないか」とよく言っています。なくしてしまうのが一番いいと言っている。現行憲法のままであれば「アメリカが勝手につくった憲法だ」と言えますが、いまの状況で中途半端に改正すると現行憲法を日本国民が認めたことになりますよ。……放っておいて憲法とは関係なく、やることはやるという風にしたほうがいい。

「中途半端に改正する」案とは何を意味するか分からないが、筆者には安倍改憲案を含むiv策のことを指しているように読める。筆者の言葉で言えば、iv策のように第九条第二項を護持する形で「日本国憲法」の改正を行えば、自衛戦力の否定と交戦権の否認を日本国民自身が認めたことになり、どうにも動きがとれなくなるということであろうか。

それゆえ、ⅳの第二項護持改正策をとれば、少々の有事では、あるいは国内に外敵が侵入しても、自衛戦争も交戦権の行使もできないだろう。例えば、国内にできてしまった敵の拠点を攻撃することさえも、左翼やマスコミの反対でできなくなると思われる。すなわち、ⅳ策とは、余りにも明確な亡国の道なのである。

ⅱの解釈維持・非改正策とⅲの第二項削除改正策の比較

残るⅱの解釈維持・非改正策とⅲの第二項削除改正策は、いずれがましな策だろうか。ⅱの解釈維持非改正策とは、要するに現状維持策である。前述のように、少ない可能性ではあるが有事に対応できるかもしれないが、基本的には対応できないと考えられる。従って、基本的には、ⅳよりははるかにましであるが、亡国の道であると言えよう。

これに対して、ⅲの第二項削除改正策は、有事に対応できるという大きなプラス面を持つが、自虐的物語が完全に定着するという大きなマイナス面もある。自虐的物語が完全定着すれば、歴史戦の勝利はきわめて困難となるから、このⅲ策も亡国の道となる可能性はかなり高いと言える。だが、ⅲの第二項削除改正策が実現できれば、大きな可能性が生まれるかもしれない。国防策がきちんと決まり、自衛戦力と交戦権が肯定されれば、国家論や国際法が大きく復活し、独立国の精神も横溢するかもしれない。そうなれば、「日本国憲法」成立過程史や戦前の歴史に対する見方もまともなものに転換していくかもしれない。それゆえ、ⅲ策には、日本復活を切り開く道となる可能性もあろう。

以上の比較検証を踏まえて、評価できる順に並べれば、ⅰ、ⅲ、ⅱ、ⅳの順となる。ⅰは現状を大きく脱却する策、ⅱは現状維持策、ⅲは現状から多少とも脱却する策、ⅳは現状を悪化させる策、と言えよう。

ⅲの第二項削除改正策は、ⅳの第二項護持改正策に劣化する

このように見てくれれば、ⅲの第二項削除改正策が実現できるならば、「日本国憲法」改正路線を進めてもよいのではないかとも思える。これまで、いくら、危険な「日本国憲法」改正路線でも、それを主導する人は、絶対に第九条第二項廃止という線は守ると思われてきた。「日本国憲法」改正という形でも、第九条第二項が廃止されれば国家意識が回復してプラスとなり、

「日本国憲法」を正当化する大きなマイナスも埋められるかもしれないとも考えてきた。ところが、安倍首相は、改憲を自己目的化して、何のための改憲かということを忘れて、憲法改正の一丁目一番地である第九条第二項削除をあきらめた改憲構想を示すに至ったのである。「日本国憲法」改正路線には、もはや、何一つプラス面を望めなくなったと言えよう。

だが、考えてみれば、安倍改憲案がⅲからⅳに劣化したのも、「日本国憲法」改正手続きを定めた第九十六条を読めば、必然であったことが分かる。第九十六条を引こう。

第九十六条　この憲法の改正は、各議院の総議員の三分の二以上の賛成で、国会が、これを発議し、国民に提案してその承認を経なければならない。この承認には、特別の国民投票又は国会の定める選挙の際行はれる投票において、その過半数の賛成を必要とする。

第九十六条によれば、「日本国憲法」改正のためには、第一に衆参両院の三分の二以上の賛成、第二に国民投票の過半数の賛成、という二つの要件が充たされる必要がある。しかし、二つの要件とも、充たすことが極めて困難である。

第一の要件についてだけ言えば、軍隊を持ち交戦権を持てるようにする「日本国憲法」改正を求める議員は、常に過半数は超えていたように思われるが、三分の二を超えたことはない。衆参各議院の三分の二の賛成を求めれば、安倍改憲案のようなⅳ策に劣化していかざるを得ないということなのであろう。だが、この安倍案でも三分の二の賛成は得られないだろうから、現実に出来上がる改正案は、自衛隊の明記もせずに第九条第二項を護持する案となる公算が高いと言えよう。

ⅳの第二項護持改正策の怖ろしさ

なお、安倍改憲案のような案でも一度「日本国憲法」改正を行えば、改正癖がついてプラスではないかという意見を聞く。だが、自虐史観の完全定着という歴史戦におけるマイナス面に目をつぶるとしても、安倍案を含むⅳ策は、時期的問題から言って、極めて危険な、国を滅ぼす道であることを指摘しておかねばならない。

安倍改憲構想からすれば、前述のように、二〇一九年に改正「日本国憲法」公布、二〇二〇年に改正「日本国憲法」施行、二〇二一年に安倍首相退陣、というふうに流れていく。もしも、安倍首相が退陣した後の二〇二〇年代前半に中国による侵略があったらどうなるか。その時、正式に「日本国憲法」改正によって軍隊を否定し交戦権を否定したばかりの日本が、侵略をはねのけられるであろうか。日本は戦うこともできず、屈服するのではないだろうか。その時のアメリカ大統領が民主党出身であれば、なおさら、その公算が強くなるであろう。

九　「日本国憲法」に正しい名前を与えよう

正しい第九条解釈を通じて国際法と国家論を取り戻そう

では、どうすればよいのか。「日本国憲法」無効論を基礎に物事を処理することである。当面は、「日本国憲法」を改正しなくても国防のためにできることをやり抜くことである。一つは、第九条解釈を変更しなくてもできること、すなわち尖閣に小部隊でよいから、トリップワイヤーを仕掛けておくこと、軍事予算を倍増する（普通の国並みにＧＤＰ二％枠）こと、中国による侵略の意図、危険性を広報することである。そして、ジュネーブ条約の要求通り、戦時国際法の教育を国民教育でも行うことである。

もう一つは、自衛隊を軍隊と位置づけ交戦権を認める必要性について広報して世論を変えながら、正しい第九条解釈を確立して自衛戦力と交戦権を肯定すること、そして、軍法や軍事法廷などを作り、自衛隊を軍隊として国際標準のものにすることである。

正しい第九条解釈の確立は、国際法と国家論を復活させる契機となろう。国際法や国家論が分からなくて、憲法改正問題など論じられるわけがない。憲法を何とかしようと考えるならば、国民と議員や官僚は、特に議員や官僚は、国家論と国際法の勉強を行い、身に付けていかなければならない。国家論と国際法を身に付ければ、独立国の精神も呼び起こされ、上記の軍事関係の策を行う決意も覚悟も定まってくる。国家論と国際法を指導層も国民一般も身に付けていけば、「日本国憲法」成立過程のおかしさにも、「日本国憲法」の内容自体のおかしさにも気付くようになろう。そうなって初めて、日本人は、「日本国憲法」をどのように扱うべきか理解できるようになり、憲法改正を考える能力も資格も身に付くのではないだろうか。

筆者が考える憲法改正問題に関する策とは、何よりも、正しい第九条解釈の確立を通じた国際法及び国家論の取戻しである。

「日本国憲法」を国家運営臨時措置法として認定せよ

国際法と国家論を取り戻したならば、どうするか。「日本国憲法」の性格を正しく認識し、正しい名前を与えることである。ここまで述べてきたように、「日本国憲法」は憲法として有効に成立していない。少なくとも永久憲法として無効な存在である。

そもそも、国際法及び国家の普遍的在り方から言って、占領下で作れるものは、最高レベルでも暫定憲法、基本的には、臨時措置法である。そこで、筆者が提案するのは、「日本国憲法」を憲法として無効であることを確認し、「国家運営臨時措置法」という名の法律として規定しなおすことである。具体的には、現在の「日本国憲法」から前文及び第九条第二項と改正手続きを定めた第九十六条を除いたものを「国家運営臨時措置法」として制定しなおすことである。前文と第九十六条は憲法ではなく法律と位置づけられる「国家運営臨時措置法」には不要となるし、第九条第二項は交戦権否定説や自衛戦力否定説の温床であり、国家存亡に関わる規定であるから削除する。ただし、正しい第九条解釈が揺るぎなく確立すれば、第九条第二項を残すことも考えられないわけではない。そうすると、「日本国憲法」に「国家運営臨時措置法」という正しい名前を与えるだけの改革ということになろう。いずれにせよ、法律だから、国会の過半数の議決で成立する。

一方で、この「国家運営臨時措置法」に基づき当面の国家運営を行いつつ、尖閣問題や日本人拉致問題などに対処しつつ、他方で、正当且つ正統な憲法である「大日本帝国憲法」の復原改正という形で憲法改正を行おうというのが、筆者の提案である。この「日本国憲法」無効論の方式により憲法改正を行わなければ、正当且つ正統な憲法は、日本に戻ってこないからである。手順の詳細は、前掲『憲法無効論とは何か』や『「日本国憲法」・「新皇室典範」無効論』（自由社、二〇一六年）の中で展開しているので、参考にされたい。

正しい第九条解釈に転換し、国際法と国家論を学習しよう

結局、当面行うべきこととしては、正しい第九条解釈に転換し自衛戦力と交戦権を認めよう、国家論と国際法を学習しよう、というのが筆者の提案である。学習の中で独立国の精神が復活してきたならば、「日本国憲法」を正しく位置づけ、正しい名前を付けることができるようになるであろう。

あとがき

本書は、「日本国憲法」第九条第二項を読み解き、自衛戦力と交戦権の否定の意味を探ったうえで、両者を肯定する国内法を確立する方策を説いた書である。あくまで主題は、自衛戦力及び交戦権の否定問題にあるのだが、「日本国憲法」が憲法として有効か無効かという問題にまで言及を行うことになった。

その中で再確認したのは、いや気付いたのは、この二つの問題に通底する戦後日本人の悪弊である。それは、国際法を無視することである。本来、国際法は日本に有利な立場を示しているのに、戦後の日本政府及び官僚、国会、憲法学者などは、この国際法を排除したり、わざわざ日本側に不利なように歪曲解釈したりしてきた。

自衛戦力及び交戦権の否定問題について言えば、国際法は完全に独立国家の自衛戦力と交戦権を肯定している。その国際法の立場通りに第九条第二項を解釈すればよいのに、日本の指導層は、両者を肯定する第九条解釈を確立しようとはしてこなかった。第九条成立過程からしても文理上からしても、両者の肯定は可能だったにもかかわらず、そうしてこなかったのである。

また、有効か無効かという問題について言えば、日本政府や憲法学者などの指導層は、陸戦条規第四十三条という日本に有利な国際法をわざわざ排除した。あるいは、有条件降伏を規定したにすぎないポツダム宣言を、わざわざ無条件降伏を規定したものであると解釈してきた。日本の不利になるような歪曲解釈を行ってきたのである。

二つの問題に通底するものが国際法無視だということに気付いたとき、服部剛『感動の日本史　日本が好きになる――気概ある日本人が育つ授業づくりＪＡＰＡＮ』（致知出版社、二〇一六年）で紹介されている副島種臣のエピソードを思い出した。服部の書から引いておこう。

清国のある要人から「明治維新は目覚ましい大変革であった。あなたはどんな本を読んで指導原理を学んだのか」と尋ねられた副島は笑ってこう答えました。

「私の外交知識はあなたの国が翻訳した万国公法のおかげです。私たちは、この貧弱な翻訳書の外交知識で列国に侮られることはありませんでした。天下国家のことは志気があるかどうかです。何万冊もの洋書を読破しても、精神が欠けていてはお国の役に立ちません」

その要人は、きまりが悪そうにして帰っていったと言います。

政府要路の人達、国会議員たち、特に外務省には、この副島の言葉を肝に銘じてほしいと願うのは、筆者だけではあるまい。幕末維新期の日本の指導者たちは、幕府の役人も含めて、貧弱な翻訳書に基づき万国公法（国際法）の知識を身に付け、万国公法を使って独立を守り抜いた。もう一度、独立国家になるために、万国公法を武器に闘うことが要請されていると言えよう。

〈参考文献〉

第一章

立作太郎『戦時国際法論』日本評論社、昭和十九年
石本泰雄『中立制度の史的研究』有斐閣、一九五八年
清水伸『日本国憲法審議録』第二巻、原書房、一九七六年
宮澤俊義『全訂日本国憲法』日本評論社、一九七八年
城戸正彦『戦争と国際法』嵯峨野書院、一九九三年初版、一九九八年改訂版
石本泰雄『国際法の構造転換』有信堂、一九九八年
防衛大学校・防衛学研究会編『軍事学入門』かや書房、一九九九年
苅込照彰「国際人道法上の捕虜――アフガニスタンにおける軍事行動の事例を中心に――」『レファレンス』二〇〇四年一月号
森田桂子「タリバンの『不法戦闘員』としての地位――破綻国家との国際武力紛争――」『防衛研究所紀要』第一〇巻三号、二〇〇八年三月
芦部信喜『憲法　第五版』岩波書店、二〇一一年
内田樹他『9条どうでしょう』ちくま文庫、二〇一二年
自衛隊を活かす会編著『新・自衛隊論』講談社、二〇一五年
江藤淳『一九四六年憲法――その拘束』文藝春秋社、二〇一五年
西修『世界の憲法を知ろう――憲法改正への道しるべ』海竜社、二〇一六年

自衛隊を活かす会主催シンポジウム「戦場における自衛官の法的地位」二〇一六年四月二十二日開催、記録
江崎道朗「安倍総理『9条改憲』をどう読み解くか。日本人だけが知らない戦時国際法とは?」日刊SPA
二〇一七年五月二十四日
『9条改正はそれほど国民に受け入れられないものなのか』石破茂氏、憲法改正を語る」BLOGOS編
集部、二〇一七年六月九日
安倍晋三「自衛隊が『違憲』でいいのか」『正論』二〇一七年九月号
高村正彦・潮匡人「私達も本当は9条2項を削りたい」『正論』二〇一七年九月号
細谷雄一・浜崎洋介・西田亮介「九条加憲案はひどすぎる」『文藝春秋』二〇一七年九月号
齋藤康輝・高畑英一郎編『憲法』弘文堂、二〇一三年初版、二〇一七年第二版
田村重信『防衛政策の真実』育鵬社、二〇一七年
色摩力夫『日本の死活問題――国際法・国連・軍隊の真実』グッドブックス、二〇一七年

第二章

佐々木惣一『改訂日本国憲法論』有斐閣、一九五四年
井上孚麿『憲法研究』政教研究会発行、東京堂発売、一九五九年
大石義雄『日本国憲法の法理』有信堂、一九六五年
清水伸『日本国憲法審議録』第一巻~第四巻、原書房、一九七六年
西修『日本国憲法の誕生を検証する』学陽書房、一九八六年
竹前栄治『日本占領――GHQ高官の証言』中央公論社、一九八八年
古関彰一『新憲法の誕生』中央公論社、一九八九年(現在は中公文庫に収められている)

小山常実『戦後教育と「日本国憲法」』日本図書センター、一九九二年
衆議院事務局編『衆議院帝国憲法改正案委員小委員会速記録』衆栄会発行、一九九五年
「関係会議録－日本国憲法制定時の会議録（衆議院）」……衆議院憲法審査会のホームページから入れば、読むことができる。
西修『日本国憲法はこうして生まれた』中央公論社、二〇〇〇年
西修『ここがヘンだよ！日本国憲法』アスキー、二〇〇一年
「憲法調査会報告書付属文書第十号　憲法無効論に関する報告書」（昭和三十九年内閣憲法調査会編『憲法調査会報告書』CD－ROM版、財務省印刷局制作・発行、二〇〇一年、所収）
小山常実『「日本国憲法」無効論』草思社、二〇〇二年
小山常実『憲法無効論とは何か』展転社、二〇〇六年
長尾一紘『日本国憲法　全訂第4版』世界思想社、二〇一一年
古森義久『憲法が日本を亡ぼす』海竜社、二〇一二年
小山常実『「日本国憲法」・「新皇室典範」無効論』自由社、二〇一六年
荒木和博・荒谷卓・伊藤祐靖『自衛隊幻想――拉致問題から考える安全保障と憲法改正』産経新聞出版、二〇一六年
西修「私の憲法第九条改正案」『改革者』二〇一七年八月号
安保克也「憲法9条と安全保障――憲法改正の方向性について」『防衛法研究42号』（防衛法学会、二〇一七年九月一日）

大月短期大学名誉教授

小山 常実・著作一覧（自由社）

「日本国憲法」・「新皇室典範」無効論
――日本人差別体制を打破するために

＊占領下で作られた「日本国憲法」と「新典範」。天皇も政府も議会も、全て自由意思を持っていなかった。「新典範」は、皇室の意思を全く尊重せず、国家の法律という形で作られた。故に「日本国憲法」にも、「新典範」にも無効論が存在する。

500 円　自由社ブックレット 7　114 頁　2016.9 刊

安倍談話と歴史・公民教科書

＊「南京事件」「従軍慰安婦」「朝鮮人強制徴用」――日本は歴史戦に負け続けている。歴史・公民教科書の思想の改善が急務である。

1800 円　四六判　436 頁　2016.4 刊

公民教科書検定の攻防　教科書調査官と執筆者との対決

＊執筆者と教科書調査官の、息詰まる攻防の全記録。中学生が「誇りをもつことができる祖国」を学べる教科書をつくるべく、執筆者は調査官と全面的に対決した！

2000 円　四六判　330 頁　2013.6 刊

公民教育が抱える大問題　家族と国家が消えていく！

＊日本の立て直しを志す教育者への熱いメッセージ。公民教科書を徹底的に分析。恐るべき欠陥が明らかになった。政治の衰退、家族の解体等、国家の大問題は、戦後の公民教育にその原因がある。

1700 円　四六判　252 頁　2010.12 刊

■表示価格は本体価格

著者 **小山 常実**（こやまつねみ）

昭和24年　石川県金沢市生まれ
昭和53年　京都大学大学院教育学研究科博士課程単位取得
大月短期大学名誉教授
専攻　日本教育史、日本憲法史、日本政治思想史

問題意識
1、明治維新から今日まで、天皇や国家をめぐる思想はどのように変遷してきたか
2、「大日本帝国憲法」と教育勅語とは何か
3、「日本国憲法」の成立と内容をどうとらえるか
4、「日本国憲法」は、戦後の言語思想空間と教育にどのような影響を与えたか
5、戦後の公民教育と歴史教育はどのように変遷してきたか
6、戦後の公民教育と歴史教育は、戦後の言語思想空間にどのような影響を与えたか

これまで研究してきた課題
上記６点の問題意識から、以下のことを研究してきた。
戦前戦後の憲法解釈史、戦前戦後の公民教科書史、戦前戦後の歴史教科書史、教育勅語解釈史と修身教科書史、南北朝正閏問題と上杉美濃部論争、天皇機関説事件、井上毅の思想、大正期の国家主義思想、「日本国憲法」成立過程史

主な著書・論文
『天皇機関説と国民教育』アカデミア出版会、1989年
『戦後教育と「日本国憲法」』日本図書センター、1992年
『「日本国憲法」無効論』草思社、2002年
『憲法無効論とは何か』展転社、2006年
『安倍談話と歴史・公民教科書』自由社、2016年
『「日本国憲法」・「新皇室典範」無効論』自由社、2016年
「北一輝と美濃部達吉の国家思想」（『季刊日本思想史』15号）、1980年

ブログ名　「日本国憲法」、公民教科書、歴史教科書
URL　http://tamatsunemi.at.webry.info/

自衛戦力と交戦権を肯定せよ

平成 29 年 10 月 10 日　初版発行

著　　者　小山常実
装　　丁　有限会社ライムライト
発 行 者　植田 剛彦
発 行 所　株式会社 自由社
〒 112-0005 東京都文京区水道 2-6-3
TEL 03-5981-9170　FAX 03-5981-9171
印　　刷　シナノ印刷株式会社

ⓒ2017, Tsunemi KOYAMA , Printed in Japan
禁無断転載複写　落丁、乱丁本はお取り替えいたします。

ISBN 978-4-908979-07-1 C0031
URL http://www.jiyuusha.jp/
Email jiyuuhennsyuu@goo.jp